1

Maria Pia Oelker

Una donna in ombra

Capitolo 1

Sembrava dormire tranquillo ora, dopo una notte ed una mattinata di febbre alta e improvvisa. Nella grande camera semibuia ero rimasta sola con lui, se si eccettuava la presenza di un infermiere, e mi ero messa a ricamare vicino alla finestra. I miei pensieri erano come le nuvole che coprivano quasi completamente il sole invernale sui tetti di Vienna, malinconiche e fredde.

Lo osservai mentre il suo viso, ancora arrossato dalla febbre, quasi spariva tra i cuscini gonfi del letto: i capelli avevano perso quasi del tutto il biondo della giovinezza, gli occhi da tempo erano perennemente cerchiati da profonde occhiaie, lasciate dalle innumerevoli preoccupazioni che ogni giorno, ad ogni ora, lo assediavano incessantemente.

Ricordavo ancora la prima volta in cui avevo visto quel volto, allora giovanissimo, ritratto in un medaglione ornato di perle e pietre preziose. L'avevo guardato con curiosità e qualche brivido di apprensione per lunghi minuti, scrutandone l'ovale allungato, gli occhi seri e profondi, il naso sottile, la fronte alta e pensosa , e avevo tirato un sospiro di sollievo: era piuttosto gradevole e mi ero chiesta se un giorno sarei riuscita anche ad amarlo o quanto meno a provare un certo affetto per lui.

Nessuno si aspettava amore tra noi, lo sapevo, non era questo un pensiero che turbasse minimamente il sonno dei nostri augusti genitori, sovrani di due stati potenti; il punto sostanziale era l'alleanza tra i due nemici di un tempo, la spartizione del potere e del predominio in Europa, sancita da quel patto nuziale oltre che dai trattati internazionali.

Erano passati quasi ventisette anni dal giorno del nostro matrimonio e quel tempo mi pareva volato in un lampo, in una vita densa , vissuta allo spasimo giorno dopo giorno.

Mentre le mie mani lavoravano veloci e distratte, quel giorno inspiegabilmente mi sentivo in vena di bilanci e non sapevo decidere se fossero in avanzo o in perdita.

Sorrisi pensando a quante volte avevo udito nel corso degli anni quella parola che non era certo usuale né alla corte di mio padre né nella maggior parte delle altre corti europee e che era invece fonte di discussioni continue e accese a Pitti o a Poggio Imperiale.

Sentii brividi di freddo percorrermi la schiena e mi strinsi intorno alle spalle lo scialle di lana e seta che a mio marito piaceva tanto per quel colore verde acqua che era il suo preferito.

Lo udii muoversi appena. Mi girai verso il letto e vidi il suo viso contrarsi in una leggera smorfia di dolore. Dormiva ancora, ma non so perché non mi parve più tranquillo come qualche minuto prima. Mi alzai e mi avvicinai a lui. Gli posai una mano sulla fronte e sentii che scottava. In quel preciso momento lui aprì gli occhi quasi smarrito, mi chiamò e fece per alzarsi, scosso da conati di vomito. Lo presi tra le braccia, gli dissi: - Calmatevi, andrà tutto bene- , mentre accorreva l'infermiere che mi aiutò a sorreggerlo. Ebbe un ultimo sguardo per me, un sussulto e poi più nulla.

Lo guardai incredula, sgomenta,

incapace di rendermi conto veramente di quello che era accaduto.

Lui non rispondeva più, il cuore aveva cessato di battere. Non c'era più nulla che gli uomini potessero fare per lui.

- Adesso - pensai- solo Dio può prendersi cura del suo spirito generoso

.

Era successo tutto così all'improvviso che non riuscivo neppure a pensare. Lasciai che gli altri si occupassero di lui, guardandoli come se stessero agendo in un sogno, sicura che poi mi sarei svegliata all'improvviso e avrei ritrovato ancora lui e i nostri figli come ogni giorno a riempire la mia vita.

Ma non mi svegliai e poco alla volta cominciai a capire finalmente quello che era successo. Mio marito era morto, io ero diventata l'imperatrice vedova, mio figlio era il nuovo sovrano.

Capivo, ma non riuscivo ad accettare.

Avevo l'impressione, improvvisamente, che una parte di me, forse quella migliore e più viva, se ne fosse andata per sempre.

Non ci fu ora in quei giorni terribili in cui non mi chiedessi, con esasperante monotonia, che cosa io fossi stata realmente per lui . Voglio dire io come donna per lui come uomo.

Era stato un sovrano energico, infaticabile, intelligente; io ero stata la sua sposa, la madre dei suoi figli, ma per il resto? Che cosa era stato veramente il nostro matrimonio ? Domanda forse retorica, ma per me essenziale : non mi bastava più sapere se avevamo semplicemente recitato in ruoli scelti da altri per noi quando eravamo ancora degli adolescenti ignari del mondo che si muoveva inquieto e spesso drammatico intorno alle nostre regge, ai parchi e ai giardini, ai saloni scintillanti, alle feste, alle ville, alla nostra vita facile e ricca, volevo la verità, anche se nessuno avrebbe mai potuto darmela con facilità. Io forse meno degli altri.

Avevo 14 anni quando mio padre Carlo lasciò Napoli, dove io ero nata e avevo trascorso l'infanzia e la prima adolescenza, per recarsi in Spagna ad assumere il trono. Mio fratello, minore di me di alcuni anni, rimase in Italia: sarebbe diventato re di Napoli, anche se per ora non pensava che ai giochi, da vero bambino, viziato e molto libero . Mi dissero quasi subito che avrei sposato un arciduca austriaco, figlio di Maria Teresa d'Asburgo. Ero stata educata ad accettare le decisioni di mio padre senza discutere, senza obiezioni : quella scelta tuttavia mi lasciava quanto meno attonita: ma non erano nostri nemici quegli Asburgo? Ci eravamo combattuti a lungo, me lo avevano insegnato, mio padre era subentrato agli austriaci nel regno di Napoli e avevamo perso molti territori anche italiani andati alla dinastia imperiale ; tuttavia sapevo anche che le ragioni della politica non seguivano nessuna logica apparente né tanto meno le ragioni del cuore; del resto se era normale per ogni donna accettare lo sposo scelto dalla famiglia, lo era tanto di più per chi, come me o le mie sorelle o cugine, non era padrona della propria vita che apparteneva totalmente allo stato. Strumento per perpetuare una dinastia, utile per fare o disfare alleanze.

Ne parlavamo tra noi, nelle nostre stanze segrete, qualche volta con malinconia, altre con amarezza e insofferenza a seconda dei caratteri, consolandoci con la speranza di conoscere comunque un grande amore che ci riempisse con la sua eccitante ebbrezza. Salvare le forme, questo era essenziale, svolgere la nostra funzione ufficiale era indispensabile, poi … Qualche spiraglio per la vita privata forse si poteva trovare. Tutte lo trovavano.

Non era una grande vittoria, ma serviva a mantenere qualche brandello di sogno, qualche residuo di dolcezza, per sopportare una vita accanto ad uomini non amati, scelti da altri, spesso sgradevoli e prepotenti, impegnati in intrighi e guerre incessanti, presi da se stessi e dalle loro ambizioni. In una corte piena di tranelli, di malelingue, di amici-nemici, di imbroglioni e di impostori..

Non avevo fatto in tempo ad abituarmi

all'idea di questo sposo austriaco con il quale avrei dovuto vivere e regnare in Toscana (ma dove era la Toscana? Lo sapevo a malapena), che giunse la tragica notizia: era morto di vaiolo. I piani dovevano subire delle modifiche sostanziali: avrei sposato il fratello minore, Pietro Leopoldo, che, a sua volta avrebbe rinunciato alla sposa promessagli da sempre, Beatrice d'Este. Aveva un anno e mezzo meno di me, ma tutti dicevano che fosse eccezionalmente maturo per la sua età.

Il gioco a scacchi ricominciava per l'ennesima volta: le cancellerie si rimisero a discutere, inviare dispacci, centellinare i pro e i contro, proposte e controproposte in un carosello pazzesco, assurdo e molto naturale.

Territori e popoli, spose e contratti nuziali, clausole finanziarie e organizzazione di cerimonie, etichetta e governo tutto dentro il medesimo calderone. Così era sempre stato e non c'era motivo di cambiare se il meccanismo funzionava alla perfezione, collaudato da secoli di storia dinastica.

Insieme con il latte delle balie avevamo succhiato questo semplice concetto: siamo pedine di un gioco più grande di tutti noi, dobbiamo subordinare la nostra personale volontà a ciò che la famiglia ha deciso nel supremo interesse del potere.

In realtà quando avevo sedici o diciotto anni non sapevo niente di concetti come personali aspirazioni, libera volontà o cose del genere. Nessuno dei miei educatori o tutori si era preso la briga anche solo di accennarvi. Ai miei fratelli, destinati l'uno al trono di Napoli e l'altro a quello di Spagna, forse (dico forse e non a caso) qualcosa era stato detto, ma a noi, donne, no . Solo molti anni più tardi ne sentii parlare da mio marito e dai suoi amici e, sebbene dovessi fare all'inizio una notevole fatica per seguirli nei loro discorsi e ragionamenti, mi feci un punto d'onore di capire e finii per appassionarmi a quelle discussioni. Nella mia adolescenza, ignorante di grandi questioni filosofiche, i problemi che mi assillavano erano ben altri, comuni alle mie nobili amiche e cugine. : chi sposerò? Sarà un compagno di vita piacevole o assolutamente odioso, gentile o prepotente, intelligente o stupido, vacuo e ignorante?

Gli piacerò, nonostante il mio aspetto non sia dei più affascinanti?

Passavamo ore a curare il nostro abbigliamento, le nostre maniere. Sapevamo danzare e porci con grazia nella conversazione. Mi avevano insegnato il francese e conoscevo in modo molto elementare il tedesco (nonostante fosse stata la lingua di mia madre); l'italiano, che era l'idioma della cultura e dell'arte , lo conoscevo fin da piccola anche se i miei insegnanti non riuscivano a togliermi quell'accento napoletano che secondo loro non andava affatto bene. Quando poi seppi che sarei andata a Firenze, culla della lingua italiana, i loro sforzi raddoppiarono per raffinare la mia dizione, ma temo invano : non riuscii mai del tutto a far mio quel dolce eloquio un po' strascicato che si usava in Toscana.

Dalle alchimie dei consiglieri di mio padre vennero fuori infine date e nomi che avrebbero dato il corso definitivo alla mia vita futura. Avrei dunque sposato il maschio terzogenito di casa

Asburgo Lorena, l'arciduca Pietro Leopoldo, prima a Madrid per procura, poi a Innsbruck. La data stabilita per il matrimonio religioso era il 5 di agosto del 1765.

Di Pietro Leopoldo non sapevo niente o quasi al momento in cui partii per raggiungere Genova e da lì l'Austria.

O meglio di lui come arciduca e futuro granduca di Toscana mi erano state date tutte le informazioni possibili, dalla dettagliata storia della sua imperiale famiglia, ai suoi studi, alla sua cultura (sempre e solo le virtù ufficiali si capisce, non le debolezze o le inclinazioni personali). Avevo il ritratto che era stato inviato dalla corte imperiale e che portavo, incastonato in un bracciale di perle, al polso . Ma sapevo che poi dal vivo mi sarebbe di necessità apparso diverso. Del resto quando avevo potuto vedere il ritratto fattomi dal pittore di corte, pronto per essere mandato a Vienna avevo dovuto ammettere che, anche per lui, non sarebbe mancata la sorpresa: non ero davvero così angelica e se i miei capelli biondi non erano male e il mio fisico poteva essere considerato ben proporzionato ed elegante (ero anche piuttosto vanitosa in fatto di abiti lo ammetto) il mio viso non era particolarmente seducente.

Non ero brava ad abbellirlo con il trucco, forse perché in realtà odiavo impiastricciarmi troppo e preferivo i volti più naturali.

Le mie amiche qualche volta sembravano delle maschere grottesche e non capivo come potessero credere di apparire più attraenti con tutto quel bianco e quel rosso di biacca e rossetto. Tra l'altro la mia pelle delicata si irritava per giorni e giorni quando cedevo alle loro insistenze e mi lasciavo convincere a seguire la moda. Così, se potevo, ne facevo volentieri a meno, ma l'effetto generale, dovevo ammetterlo, era piuttosto sbiadito. Lo specchio onesto e impietoso mi rimandava l'immagine di un viso troppo lungo, con un naso importante e occhi non molto grandi. Diciamolo: non mi piacevo ed ero convinta che anche al mio sposo non avrei fatto bella impressione, non l'avrei ammaliato di sicuro e questo mi rendeva nervosa. Avevo voluto un abito nuziale ricco di decorazioni preziose e speravo che almeno quello tirasse un po' su, se non l'aspetto estetico, almeno il mio morale.

Sapevo che lui mi sarebbe venuto incontro e ci saremmo visti per la prima volta solo qualche giorno prima delle nozze giusto per poche ore, vale a dire che non avrei neppure avuto la possibilità di affascinarlo almeno con il mio spirito che tutti dicevano allegro e brillante.

Ammesso e non concesso che la mia cultura, appena nella media per una nobildonna secondo i canoni dell'epoca e in particolare della Spagna, potesse reggere il confronto con quella di Leopoldo. Ne parlavano tutti come di un ragazzo amante del sapere e della scienza, studioso di diritto, di economia e di filosofia. Dicevano che fosse molto serio e maturo per la sua età, che ancor prima di insediarsi sul trono toscano già si fosse dettagliatamente documentato sulla situazione del suo regno.

Io mi ero data un gran da fare a leggere e studiare negli ultimi tempi, suscitando ironiche perplessità nelle mie dame di compagnia e nelle cugine, che suggerivano altre strade più maliziose per conquistare il cuore di uno sposo, ma non sapevo se avrei mai potuto sostenere una dotta conversazione con lui.

E del resto Leopoldo fin da bambino era stato allevato ed educato a fare il sovrano, io no . Nessuno si aspettava da me che fossi colta o aggiornata come un uomo , anzi qualcuno giudicava inutile, se non sconveniente , persino il mio amore per i libri.

Mancavano poche settimane alla partenza. Tutto era ormai pronto ed io non facevo che piangere al pensiero di lasciare la mia reggia: per la seconda volta nella mia vita dovevo abbandonare luoghi familiari, amiche, abitudini di vita e, questa volta, per andare a sposare un uomo che non conoscevo e che non mi conosceva, di una nazione e di una cultura così diversa dalla mia. Cresciuto in un paese nordico dove d'inverno cadeva la neve e il sole si faceva vedere poco per molti mesi all'anno, dove non c'era il mare (lui l'aveva mai visto il mare?) e i colori forti e splendidi della natura mediterranea. Chissà se lui assomigliava al suo paese, che io immaginavo freddo e malinconico, pieno di ombre scure e piovoso?

Qualcuno diceva che Leopoldo fosse sensibile e buono anche se un po' troppo chiuso in sé, ma erano voci di corridoio, non rapporti ufficiali.

Di me che gli avevano detto?

Che sarei stata una moglie perfetta, docile, gentile, amorevole, che ero sana e robusta e certo gli avrei dato molti figli. Che non gli avrei procurato fastidi e avrei ovviamente tollerato senza scenate la sua vita privata, qualunque essa fosse, restando sempre ed in qualunque circostanza, fedele e irreprensibile. Che non avevo mai avuto nel cuore altri uomini e dunque arrivavo a lui non solo vergine (questo era sottinteso e del resto il contratto nuziale lo attestava solennemente e chiaramente), ma pura e ingenua anche nell'anima.

Quest'ultima cosa non era del tutto vera, ma lo sapevamo solo io e la mia amica del cuore, Amalia, cui avevo confidato il mio primo e unico amore adolescenziale per un gentiluomo del seguito di mio fratello.

Amore platonico forse, ma travolgente e appassionato; che non mi aveva fatto chiudere occhio per notti intere e mi aveva persino portato a farneticare di impossibili fughe, di ribellioni improponibili all'etichetta di corte; che mi aveva fatto smaniare e piangere lacrime sempre più amare e rassegnate, quando mi ero resa conto che, pur se lui mi avesse amato, non ci poteva essere tra noi nessun legame e che non sarei potuta appartenere ad altri che allo sposo predestinatomi a meno di non contemplare un suicidio conseguente ad un atto di amore proibito.

Nei momenti di maggior tensione dei preparativi frenetici paragonavo quel lontano e sconosciuto arciduca, non particolarmente bello, al mio amore bruno dagli occhi luminosi e grandi, dalla bocca ridente e dalla voce musicale e credevo di scoppiare dal rancore verso tutti coloro che avevano sempre deciso della mia vita. Poi mi pentivo e cercavo di ragionare obiettivamente e di rassegnarmi . Non ci riuscivo molto bene, ma ci provavo.

Fu allora che giurai a me stessa che, comunque fossero andate le cose, non avrei mai più finto nella mia vita.

Adesso posso dire con assoluta certezza di aver mantenuto quel giuramento.

Una mattina, nel mese di giugno, mentre ero nel giardino a godere la frescura degli alberi e della fontana zampillante, arrivò una lettera per me.

Era del mio futuro sposo.

L'aprii un po' seccata, aspettandomi parole retoriche e formali, che mi avrebbero indispettita con la loro vuota e melensa dolcezza.

Il maggiordomo che me la portò mi disse che il principe aveva mandato quel messaggio strettamente privato tramite un ambasciatore di sua fiducia, il quale si era raccomandato di consegnarla solo nelle mie mani.

Sorrisi con sufficienza: figuriamoci!

Una scena buona a convincere solo degli sciocchi. Ero di malumore quel giorno ed ero portata a giudicare chiunque in maniera più che severa quasi acida e forse un po' crudele.

Comunque stetti al gioco e, graziosamente, allontanai anche le mie dame personali. Scoppiavano dalla curiosità di sapere cosa ci fosse scritto, lo sapevo, ed ero malignamente soddisfatta di deluderle. Non avevo intenzione di dir loro niente nemmeno più tardi. In effetti, dopo aver letto quel messaggio, non avrei voluto condividerne il contenuto con alcuno, ma non per malignità questa volta, per pudore. Per la gioia di tenerlo solo per me, come ricordo e pegno prezioso. La lettera di Pietro Leopoldo era gentile, piena di premure per me, di sentimenti così delicati che si sarebbe detta scritta da una donna e non da un superbo principe imperiale. Era chiaro che lui era curioso e ansioso quanto me di arrivare all'incontro decisivo, ma era anche teso allo spasimo, nervoso, insicuro. Sotto le parole cortesi, ma non formali, si avvertiva un disperato bisogno di capire, di rendersi conto, di immaginare il futuro. Di giustificare ciò che in realtà non aveva bisogno di giustificare, perché anch'egli aveva dovuto accettare senza possibilità di replica decisioni che provenivano dall'alto.

Due pagine fitte, scritte con una stretta calligrafia, inclinata e non troppo fiorita. Abbastanza equilibrata se si eccettuava qualche singola lettera che qua e là pareva sfuggire al controllo.

In fondo, poco prima della chiusura, c'erano alcune frasi che mi gelarono per un attimo il cuore, che già pareva essersi quietato un poco e rasserenato alla constatazione evidente di un carattere così insolitamente sensibile.

Frasi brevi eppure significative: - Non date credito, vi prego, a ciò che si racconta delle mie avventure galanti e soprattutto della mia relazione sentimentale con mademoiselle Erdody. Ormai il passato, e ciò che esso ha significato per me sia nella gioia che nel più profondo e acerbo dolore, non conta più e vi scongiuro di credere che sarò vostro servitore sincero.-

Chi era quella signora? Non l'avevo mai sentita nominare, ma evidentemente Leopoldo dava per scontato che qualche mala lingua me ne avesse parlato. E perché mai avrei dovuto esserne informata? Non avevo più tempo di rispondergli, la mia eventuale lettera sarebbe arrivata pressoché in contemporanea con me e dunque tanto valeva che le mie domande le riservassi per un colloquio più intimo e personale, pur se dubitavo che sarei stata capace di vincere la mia timidezza per porgli certe questioni. D'altra parte non volevo chiedere a nessun altro particolari su quell'episodio cui lui accennava, non mi piacevano i pettegolezzi maliziosi e Leopoldo ci aveva messo tanto pudore e tanto dolore in quell'affermazione che non me la sentivo di esporlo ad alcun tipo di critica.

Avrei dovuto piuttosto confessargli anche il "mio" amore adolescenziale per don Felipe?

Finii di leggere quella lunga missiva, la ripiegai accuratamente, la riposi in una tasca della mia veste. Non l'avrei fatta vedere a nessuno, nemmeno alle mie solite affezionate confidenti .

Era solo mia, la consideravo quasi un

pegno d'amore . Sebbene sapessi che non c'era davvero in essa nemmeno una parola d'amore, volevo illudermi che chi l'aveva scritta avesse voluto implicitamente dichiararmi per lo meno la piena disponibilità del suo cuore ad aprirsi verso di me .

Avevo diciannove anni e mezzo e non ero una ragazzina ingenua fino a quel punto, sebbene la vita di corte, così leggera e aliena da ogni conoscenza del mondo reale, non mi avesse preparata affatto alla futura vita coniugale. Qualche ferita non ancora del tutto rimarginata nel mio cuore, per natura portato a dar spazio eccessivo a fantasie e sentimenti, mi metteva comunque sulla difensiva.

La sera, mentre nel caldo soffocante della stanza cercavo invano di prendere sonno, guardai dalla finestra aperta, attraverso la cortina leggera

delle tende, lo spicchio di cielo stellato sopra il patio e mi chiesi se anche in Austria brillavano le stesse stelle e mi domandai con un sorriso: -
Chissà se Leopoldo non potendo dormire per l'agitazione le sta osservando come me?-
Mi diedi della sciocca, ma pensai anche che quella sarebbe stata la prima cosa che gli avrei raccontato.
Mi alzai e andai alla finestra per respirare gli odori forti e inebrianti del giardino in piena fioritura estiva. Pensai che era una delle ultime notti che trascorrevo lì e mi misi piangere senza un perché. Chiamai una delle mie cameriere personali e la pregai di accendermi il lume sul tavolino.
- Non riuscite a dormire, altezza?- mi chiese- Volete che vi porti qualcosa?
- No, grazie, non ho bisogno di niente. Sono solo un po' nervosa ecco tutto

Lei eseguì con garbo l'incombenza che le avevo chiesto e, prima di andarsene, mi domandò ancora se davvero non avessi bisogno di bere qualcosa .

Era una dama di una certa età che era stata sempre con me fin da quando ero una bambinella che giocava senza pensieri nei palazzi e nelle ville napoletani, guardando il mare dalle finestre e godendo della musica che a volte sembrava fiorire dal nulla per le strade di Portici. Avrei voluto portarla con me, ma non era nell'elenco delle persone del mio seguito, che in verità poi mi avrebbe abbandonato a Genova dopo l'entrega e non mi avrebbe seguito a Firenze.

Decisi che l'indomani, per la prima volta in vita mia, avrei fatto una meravigliosa bizza per ottenere quello che volevo: una dama di compagnia personale da portare in Italia. Ero certa che mio padre mi avrebbe accontentato, non so perché, ma ero sicura di riuscirci.

- Sareste felice di venire con me in Italia?

- Oh, altezza, certo, ma hanno detto che nessuna dama spagnola vi seguirà .

- Già – constatai con una certa amarezza – tuttavia … comunque non a Napoli, in Toscana.

- Non so dov'è, ma se vostra altezza sarà là vorrei esserci anch'io.

Sapevo che mi voleva sinceramente bene e anch'io, nonostante fosse solo una vecchia governante, gliene volevo. Era l'unica con cui potevo parlare in italiano con quell'accento napoletano, così terribile per i miei insegnanti e così caro al mio cuore.

- Proverò a ottenere che veniate messa nell'elenco del mio seguito, ma non so se ci riuscirò.

Lei sorrise.

- Sarete una sposa deliziosa e l'arciduca Leopoldo sarà un uomo felice.

Pensai: - Non è detto. Anzi probabilmente lui non lo pensa affatto. Chissà se, quando mi vedrà, mi paragonerà al suo amore perduto? Forse mi detesta già per aver occupato un posto che lui avrebbe voluto fosse di un'altra.

Mi sedetti al tavolino e rilessi quella inquietante missiva che mi era giunta al mattino. Mi chiesi di nuovo che storia fosse, o fosse stata, quella che lo aveva portato a dirmi quelle parole così dense di lacrime represse.

Cosa non dovevo credere? C'era stato dunque uno scandalo alla corte di Vienna? Che cosa era accaduto tra il mio futuro sposo e quella donna, non sapevo quanto nobile?

Evidentemente non un semplice amore tra adolescenti, senza conseguenze, perché altrimenti lui non ne avrebbe neppure fatto cenno. Eppure, Dio mio, lui aveva solo diciotto anni! Quando tutto ciò (e cosa era questo "tutto ciò"?) era accaduto?

Mi arrovellai per un po', senza ovviamente tirarne fuori niente, finché mi venne un forte mal di testa e decisi di rinunciare a risolvere quell'enigma. Non sapevo se ce l'avrei fatta a resistere alla bruciante curiosità per due mesi ancora (tanto mancava al matrimonio), ammesso e non concesso che fosse il caso di parlare di "quella" cosa fin dal primo incontro con Leopoldo.

Chiusi la lettera in una minuscola custodia di legno prezioso e l'infilai in un cassetto segreto. Non volevo rischiare che fosse trovata neppure per sbaglio da qualche sorella indiscreta o dalle mie curiosissime damigelle di compagnia.

Rimasi per un pezzo a guardare il cielo notturno finché esso cominciò a schiarirsi leggermente ad oriente. Mi coricai sul letto e mi addormentai quasi subito, continuando a sognare una bellissima giovane donna che annullava con la sua sola presenza ogni mio sforzo di apparire graziosa, disinvolta, colta e raffinata. Nel sogno Pietro Leopoldo appariva come nel ritratto, ma i suoi occhi non mi degnavano di uno sguardo e, sebbene fosse cortese, non faceva che sorridere a lei.

Mi svegliai ancor più di malumore del giorno prima e la mia bizza per ottenere che la vecchia governante napoletana mi seguisse e non solo fino a Genova, venne spontanea e perfetta.

Mio padre acconsentì, pur eccependo che non potevo cominciare la mia nuova vita con quei capricci. Sapeva fin troppo bene che in realtà ero remissiva e obbediente come nessun altro dei suoi figli e questo dovette convincerlo che non poteva negarmi una richiesta così modesta.

Il malumore però continuò ancora per qualche giorno, finché fu sostituito dalla commozione degli addii, mista all'eccitazione e al nervosismo per il futuro ignoto, che mi aspettava in terra d'Italia.

Capitolo 2

Dopo interminabili giorni di navigazione sbarcammo a Genova, dove incontrai mia cugina Luisa, che veniva da Parma e doveva a sua volta imbarcarsi per andare a Madrid, come sposa di mio fratello Carlo. Lei aveva solo 15 anni. Eravamo due principesse , ma eravamo sole e un po' impaurite al pensiero di quello che ci attendeva , esattamente come due ragazze qualsiasi.

Le parlai di mio fratello e le raccontai della vita nella reggia di Madrid. Le descrissi con dovizia di particolari le persone, i luoghi, il clima, le meravigliose gallerie d'arte a cui lei sembrava particolarmente interessata. Le parlai della mia famiglia, delle amiche che avevo lasciato e finalmente Luisa sembrò calmarsi .

Lei del mio sposo non sapeva nulla di più di quanto mi fosse stato detto, anche se sua sorella aveva sposato qualche anno prima Giuseppe, fratello maggiore di Pietro Leopoldo e futuro imperatore.

Non potei fare a meno di tradire il giuramento che mi ero fatta e le chiesi se avesse mai sentito parlare di qualche scandalo amoroso successo recentemente a Vienna.

- Tanto - pensai- lei sta per partire e non potrà spettegolare con nessuno.

Mi rispose di no ed io tirai un sospiro di sollievo: forse tutto sommato, Leopoldo si era fatto prendere da uno scrupolo esagerato e inutile.

Restammo insieme cinque giorni, poi ci salutammo al porto. Lei prese la via del mare, io quella delle montagne in direzione nord est.

Traversai con il mio seguito l'Appennino e tutta la pianura Padana, immersa in un caldo afoso e opprimente. Salimmo verso Modena e poi verso le Alpi.

Ogni sera mi facevo dire quanto mancasse per giungere a Bolzano dove avrei dovuto incontrare Leopoldo e quando mi dissero che il giorno dopo saremmo arrivati quasi mi sentii soffocare.

- Come mi troverà?

- Bellissima, altezza

- Non dite sciocchezze, non sono bellissima. Domani mattina voglio il vestito con i fiori verdi e dovete venire per tempo a pettinarmi e a truccarmi.

- Non vi preoccupate, altezza, il vostro sposo vi troverà deliziosa.

- Non è vero- pensai- mi paragonerà all'altra e mi odierà subito.

Ero più tesa che mai a quell'orrido pensiero, sarei voluta scappare, tornare indietro, morire quella notte stessa pur di non dover subire il suo , secondo me immancabile, sguardo sprezzante, la sua sopportazione.

Feci del mio meglio per calmarmi, ma al mattino avevo delle evidenti occhiaie, che a mala pena il trucco sapiente delle mie cameriere riuscì a coprire.

Salii in carrozza per le ultime miglia che mi separavano dall'incontro. Sentivo il cuore che mi strozzava il respiro con il suo battito assordante. Se avessi avuto vicino un'amica avrei pianto, ma con me c'erano solo persone sconosciute, venute per scortarmi e mi sentivo molto imbarazzata.

Pioveva a dirotto quando ci fermammo e allora lo vidi per la prima volta: se ne stava in piedi sotto quel diluvio , a capo scoperto, ad aspettarmi.

Era alto e snello, un viso giovanissimo che dimostrava ancor meno dei suoi diciotto anni, un portamento fiero, ma non arrogante. Gli occhi scuri mi fissarono per qualche attimo, mentre io cercavo di tirar fuori il mio sorriso migliore. Mi prese la mano per aiutarmi a scendere dalla carrozza e sentii che era nervoso almeno quanto me. Mi salutò cerimoniosamente e mi accompagnò all'interno del palazzo dove erano i miei alloggi.

Grondava acqua da tutte le parti ed io, nonostante il momento di estrema tensione, sorrisi tra me.

- Che avete da sorridere, altezza?- chiese lui curioso.

- Stiamo lasciando un fiume d'acqua dietro di noi.

- Vi pare così buffo ?

- Sì, decisamente, un seguito per lo meno insolito , poco protocollare; non passerà certo inosservato il nostro passaggio.

Anche lui sorrise per la prima volta da quando ci eravamo incontrati e quel sorriso trasformò completamente il suo viso dandogli un'aria simpatica e illuminando gli occhi troppo seri.

- Avete ragione- convenne - sembriamo davvero due paperi in uno stagno.

Risi a quella curiosa espressione mai sentita prima e lui mi fece eco.

Dovevamo cenare insieme nel mio appartamento quella sera.

Quando lui arrivò era bellissimo nel suo abito rosso e oro, io avevo scelto una veste azzurra con ricami in argento e perle.

- Che fine ha fatto quel grazioso abito che avevate oggi?- mi domandò.

- Perché?

- Mi piaceva moltissimo.

- Ma non era certo adatto per questa serata così speciale.

- Dite? Il verde acqua è il mio colore preferito.

Lo guardai e mi chiesi se dicesse sul serio.

- Avreste la pazienza di aspettarmi ancora per quindici minuti?

- Certamente.

Sparii nelle mie camere e mi cambiai in fretta e furia, indossando un abito del colore che lui aveva dichiarato essere il suo prediletto.

Quando tornai nel salone da pranzo, lui mi venne incontro con un sorriso deliziato e mi sussurrò:

- Siete stata gentile ad assecondarmi, ma non voglio che crediate che sia vostro dovere farlo in ogni caso.

- No - dissi- ma sarò sempre lieta di

vedervi sorridere come ora.

-Vi hanno forse detto che non sono un tipo allegro?Che sono troppo serio e talvolta anche malinconico?

- Sì.

- E che altro vi hanno raccontato di me?

- Oddio- pensai- ci siamo.

- So molte cose di voi in quanto arciduca e principe, dei vostri studi brillanti, della vostra cultura, ma, sono sincera, di voi come uomo non so nulla; immagino che anche voi di me non sappiate molto di più.

Lui insistette come se non avesse sentito:

- Che altro?

Allora mi buttai:- Volete alludere a ciò che mi avete accennato nella vostra lettera?

Mi fissò così intensamente negli occhi che stentai a sostenere quello sguardo.

Mi imposi di restare tranquilla qualunque cosa mi avesse rivelato.

- No – mormorai- di quella storia non mi hanno detto niente ed io, nonostante bruciassi di curiosità, non ho chiesto nulla a nessuno. Mi sembrava indelicato nei vostri confronti e ho deciso che l'avrei saputo solo da voi. Se non volete parlarmene ora non vi preoccupate, io rispetterò la vostra riservatezza e la vostra volontà. Me ne parlerete solo quando e se vorrete. E' nel vostro diritto non dire niente se è così doloroso per voi. Perché lo è, vero? L'ho capito appena ho letto quelle frasi.

Pietro Leopoldo non replicò, solamente mi afferrò una mano e se la portò alle labbra. Vidi che i suoi occhi erano commossi.

- Vi ringrazio per la vostra delicatezza. Vi giuro che vi racconterò tutto, un giorno. Non è facile per me, ma forse con voi lo farò. Spero che saremo amici.

- Amici? – mormorai e dalla mia voce dovette trapelare la delusione che, nonostante tutto mi aveva invaso a quelle parole.

- Non vi basta? Vorreste … - esitò un attimo- … amore?

Rimasi in silenzio e pensai all'unico amore che aveva illuminato la mia vita e, paragonandolo a questo momento, sentii un brivido di freddo nel cuore.

Sedemmo l'uno di fronte all'altro e nessuno dei due aveva molta voglia di mangiare. Ci guardavamo, scrutandoci in silenzio e inseguendo ognuno i propri pensieri, mentre i dignitari al servizio della tavola si affannavano intorno a noi.

Lo trovavo abbastanza piacevole e interessante, nei modi e nell'aspetto.

Sensibile e dolce, cosa che del resto confermava le impressioni lasciatemi dalla lettura della sua missiva, ma anche diretto e franco quando era necessario.

Mi sentivo un po' impacciata davanti al suo sguardo che mi stava esaminando con scrupolosa attenzione, anche se non con alterigia.

Sperai di non sembrargli troppo insignificante né troppo sciocca. Il silenzio che si prolungava ad un certo punto mi sembrò intollerabile e, non so perché, cominciai a raccontargli della mia infanzia napoletana e dei giochi nel parco della reggia di Caserta, del meraviglioso clima e del mare.

- Avete mai visto il mare?

- No, mai.

- Oh, - sorrisi – a Napoli è meraviglioso. Azzurro e verde, trasparente e caldo. Al tramonto il sole

lascia delle strisce dorate sull'acqua
che paiono racchiudere tutta la sua
luce, quasi a consolarci della notte che
viene e , nelle sere di luna piena, è un
sogno. Anche a Vienna il cielo stellato
pare una coperta trapunta d'oro?
Sorrise , appoggiando il mento sulla
mano :- Siete sempre così poetica?
Non sapevo se lo dicesse con ironia,
ma ormai i ricordi del mio passato, che
era dietro l'angolo, eppure mi
sembrava lontano di secoli, facevano
tale ressa nel mio animo che non mi
potevo fermare. Alla fine gli avevo
detto più cose di quelle che avrei
voluto, ma non mi pentivo. Mi sentivo
più leggera e calma, ora.
- Vi siete mai innamorata?- mi chiese
allora lui.
- No- mentii
Arrossì e strinse gli occhi – Questa
però è una bugia. Non credevo di

meritarla.

- Perché volete sapere da me ciò che di voi non volete dirmi?

- Avete ragione, vi chiedo scusa.

- Eppure voglio essere sincera con voi. Avevo sedici anni quando mi innamorai di un giovane gentiluomo del seguito di mio fratello.

- Lo amate ancora?

- No ; era , credo, una cosa da adolescente un po' troppo sognatrice. O forse era solo un modo per dire a me stessa che la mia anima, il mio cuore erano solo miei e nessuno poteva averli se io non li avessi concessi ... bene , la vita non è così, lo so, ma a volte bisogna pur illudersi per non morire.

- Morire? Siete morta quando vi hanno detto che avreste sposato me e non il vostro amore? Certo avreste preferito che fosse lui a darvi il primo bacio d'amore e a farvi sognare e non un arciduca austriaco, scontroso e freddo, un po' triste e certo non bello come il vostro gentiluomo spagnolo.

Pensai al rancore covato per giorni dentro di me all'idea di non poter coronare un sogno e di finire tra le braccia di uno sconosciuto e tacqui per non ferirlo.

Mi sentivo ora improvvisamente stanca e non avevo più voglia di aprire il mio cuore a chi non aveva intenzione di svelarsi affatto.

Pietro Leopoldo se ne accorse e si scusò.

- Sono stato indiscreto, perdonatemi. Voi siete stata sincera ed io invece non riesco a dirvi niente di me.

- Il mio amore è stato un sogno, quasi un bel gioco, lo sapevo fin dall'inizio ; anche se ho sofferto abbastanza , esso non ha lasciato nel mio cuore ferite troppo dolorose.   -Non aggiunsi "

Come il vostro" ma lui capì.

Contravvenendo ad ogni regola dell'etichetta, mi prese la mano e di nuovo la baciò. Sentii le sue labbra che tremavano leggermente. Lo guardai e vidi che era pallido e gli occhi apparivano leggermente cerchiati di scuro e lucidi, come di febbre.

- Vi sentite bene?- chiesi.

- Sì, perché?

- Scusate, siete così pallido.

- Sto bene, sono solo molto stanco. Se mi date il permesso mi ritirerò.

- Certo, altezza. Anch'io del resto lo sono e nei prossimi giorni ci aspettano molti impegni.

- Già- disse lui, inchinando ossequioso il capo.

Lo vidi passarsi nascostamente una mano sulla fronte e, quando si alzò per andarsene, mi parve vacillare leggermente.

- Altezza – lo richiamai.

Si girò di nuovo verso di me e, in quel momento, pensai :- Sta davvero male.

- Dite.

- Riposate bene.

- Grazie, auguro un buon riposo anche a voi. Non sognate troppo i bei giardini madrileni. Qui siamo in Austria e il tempo è davvero pessimo. Il sole spagnolo è ormai lontano.

Mi alzai anch'io e feci due passi verso di lui ed egli mi strinse le mani, questa volta non in modo cerimonioso, ma quasi cameratesco :   -
Comunque, grazie di tutto. Siete stata una gradevole scoperta.

Poi se ne andò veloce , prima che potessi aggiungere altro.

Qualcuno il giorno dopo mi disse che in effetti Leopoldo era stato poco bene nei giorni immediatamente precedenti il nostro incontro, ma che ora stava molto meglio. Io pensai , non so perché, che non era affatto vero e che il suo malessere era tuttora presente e che appartenesse molto più all'anima che al corpo.

Andando da Bolzano verso Innsbruck mi pareva che le montagne incombessero minacciose su di me; i colori cupi, solo raramente e per brevi momenti illuminati da qualche raggio di sole, che riusciva a sfuggire dalla bassa coltre di nubi che nascondevano le cime, mi davano un senso di oppressione e malinconia. Dentro di me paragonavo quel mondo severo e scuro al sole che per tutta la mia infanzia e adolescenza aveva scandito le mie giornate, talvolta bruciante, ma così allegro, vitale. E mi pareva che le mie più pessimistiche previsioni si stessero avverando. Pure lui mi era sembrato cordiale, non così chiuso e grigio quale me lo avevano descritto; forse non estroverso ed espansivo come un principe napoletano, ma certo ansioso di stabilire un buon rapporto con me. Aveva detto : - Siete stata una piacevole scoperta- ed io volevo illudermi di aver fatto una piccola breccia nel suo cuore. Dovevo farlo per non sentirmi completamente sola e abbandonata. Perché questa era la sensazione che mi dominava, mentre viaggiavo su per le strade che lasciavano a poco a poco la Valle dell'Adige per arrampicarsi verso le montagne. Leopoldo era su un'altra carrozza e ci incontravamo solo durante le brevi soste.

Capitolo 3

La mattina del giorno nuziale il cielo parve per un po' togliere il solito broncio e apparve il sole, caldo e luminoso, pur se continuamente minacciato da nuvole grigie che si rincorrevano nel cielo e promettevano altri acquazzoni torrenziali.

- La mia vita sarà sempre come questo cielo- dissi alla mia dama napoletana quando mi affacciai alla finestra- Potrei avere un bel sole a riscaldarmi l'anima, ma non si farà vedere spesso, temo.

- Che dite, altezza? Non capisco e oggi non deve essere giorno di malinconie. Mi avete detto che il vostro sposo è buono e gentile, non pensate di essere fortunata?

- Sì, non preoccupatevi- mi sforzai di sorridere, ma pensai:- Solo che non mi amerà mai e avrà sempre il suo cuore altrove.

Alle sei del pomeriggio feci il mio ingresso ufficiale e solenne a Innsbruck.

Leopoldo mi attendeva di fronte alla chiesa di San Giacomo e, quando lo vidi, non potei fare a meno di sentirmi stringere il cuore: era bianco e sofferente, tanto che ad un certo punto dovette essere sorretto dai suoi valletti: pareva un condannato a morte condotto al patibolo non uno sposo nel suo giorno più bello. Non mi guardò che di sfuggita e io mi sentii salire le lacrime agli occhi: non era così che avevo immaginato il giorno delle mie nozze. Per reazione lo respinsi quasi con odio e concentrai i miei pensieri sul volto del mio amato Felipe , solare, ridente, brillante, estroverso. Non mi giovava molto quell'atteggiamento assurdo di ribellione, ma se non altro mi pareva di riuscire a mantenere un minimo di identità.

Ad un tratto, mentre eravamo inginocchiati, lui allungò una mano a stringere la mia. Sentii un sussurro appena percettibile e volsi leggermente la testa, stava di nuovo malissimo e temetti che stesse per svenire.

Attesi qualche secondo, ma lui non aggiunse altro ed io mi convinsi di avere immaginato tutto. I nostri nervi erano evidentemente sul punto di spezzarsi.

La lunga cerimonia finì e Leopoldo, subito dopo il pranzo, scusandosi in modo freddo e formale con me tornò nelle sue stanze, febbricitante nel corpo e nell'anima.

Mi ritrovai in mezzo al vortice delle

feste e dei ricevimenti senza di lui. Per fortuna mio suocero, brillante e cordiale, era una deliziosa compagnia e mi aiutò a sentirmi meno sola. Ci furono balli, rappresentazioni teatrali, musiche e ricevimenti a non finire, ma io non riuscivo a godere di nulla e quelle celebrazioni mi parvero allora lunghe e faticose, senza un briciolo di gioia.

In quei giorni Leopoldo stette così male da rischiare addirittura la vita e da ricevere l'estrema unzione; il tempo era capriccioso e indispettito; ma il peggio doveva ancora venire: mio suocero morì all'improvviso due settimane dopo il nostro matrimonio , una sera dopo il teatro e quello fu davvero il dolore più grande per noi; mia suocera sembrava aver perso all'improvviso il senso stesso della vita, i miei cognati e le mie cognate, specie le più piccole, si sentivano quasi spersi senza quel padre allegro e affettuoso , così buono e caro anche con me, che pure ero ancora una perfetta estranea.

La gente lo amava, la sua famiglia lo amava e tutti lo piansero con sincero dolore.

Il giorno dopo la sua morte rividi Leopoldo, che era stato appena dichiarato fuori pericolo e si era fatto condurre a consolare sua madre.

Mi salutò con un pallido sorriso tirato, ma non mi disse una parola.

Io lo guardai negli occhi e lui, quando vi lesse la delusione e il rancore, distolse i suoi.

Nel tornare nelle sue stanze mi sfiorò una mano e mi sussurrò:- Mi dispiace di avervi deluso così, ma non posso farci niente -

Se avessi potuto gli avrei dato una

risposta sferzante, di quelle che spesso riservavo agli importuni quando ero alla corte di mio padre, ma non era il luogo e il momento e mi morsi la lingua limitandomi a salutarlo con un cenno del capo.

La situazione era paradossale: da un lato il lutto ed i preparativi per i solenni funerali, dall'altro una festa di nozze andata all'aria e altrettanto frenetici preparativi per la nostra partenza verso l'Italia.

Vedevo con ansia avvicinarsi il momento in cui mi sarei trovata fianco a fianco con Leopoldo nella stretta carrozza da viaggio per giorni e giorni.

Ogni tanto ci incontravamo, ma non avevamo ancora mai dormito insieme, essendo lui debolissimo (e suppongo molto provato anche nello spirito da quel susseguirsi di eventi spiacevoli o dolorosi).

La sera prima della partenza andammo a salutare l'imperatrice e lei, nonostante il dolore, ebbe delle buone parole per me e consegnò al figlio le sue istruzioni, le sue raccomandazioni. Mio marito era teso e silenzioso ed io, ancora una volta, mi sentii messa da parte senza alcun riguardo.

Mi ritirai presto nei miei appartamenti con il cuore pieno di contradditori sentimenti.

Al primo posto tristezza e malinconia, al secondo rancore per quell'evidente indifferenza che mio marito pareva nutrire per me, al terzo curiosità per i luoghi che mi apprestavo a vedere durante il lungo viaggio, che ci avrebbe condotto verso quella terra di Toscana che dicevano tanto bella e ricca di arte, infine una buona dose di ansia per l'inizio della mia nuova vita di sposa con tutto ciò che essa avrebbe comportato.

Non avevo naturalmente sonno e quando le mie cameriere e le mie dame si furono ritirate mi misi a leggere un libro.

La lettura era la mia passione e, sebbene la mia cultura non fosse delle più eccelse, cercavo di trovare sempre qualche nuova opera per approfondirla. Quella sera però erano poesie, che mi ero portata dietro da Madrid e che mai avevo riaperto da allora.

Mi avevano detto che a Firenze avrei trovato una vita culturale ricca e vivace e che mi sarei potuta sbizzarrire a mio piacimento tra opere d'arte e biblioteche. La cosa mi consolava un po', ma solo un po'.

Ad un certo punto sentii bussare leggermente alla porta e, senza alzare lo sguardo, dissi: - Avanti - aspettandomi una delle cameriere che venisse a chiedere come sempre se avevo bisogno di qualcosa.

La porta si aprì silenziosamente - Non ho bisogno di niente , grazie- dissi- potete andare a dormire.

Non sentendo risposta alzai finalmente gli occhi dal libro e sussultai: davanti a me c'era Leopoldo.

Mi alzai di scatto dalla poltrona, facendo cadere a terra il libro con un tonfo sordo.

Lui mi fece cenno di tacere e si inginocchiò per raccogliere il libro. Me lo porse con un sorriso .

- Non vi dispiace , vero, che sia venuto a trovarvi?- chiese poi, quasi timidamente – Non riuscivo a dormire . Neppure voi, vedo-

Non sapevo che dire, sentivo il cuore che mi batteva furiosamente in gola.

- Chi vi ha detto che ero ancora in piedi?

Arrossì – Nessuno, ma …

- E se fossi stata già a letto?

- Siete mia moglie dopo tutto- obiettò lui- non ho diritto ad entrare nella camera di mia moglie?

- Non lo sono ancora - ribattei amareggiata - E voi a quanto sembra ve ne curate molto poco.

I suoi occhi divennero cupi e stretti come due fessure – Volete provocarmi? Credete forse che non sarei in grado, se volessi, di far valere i miei diritti su di voi in ogni modo? Ma io non volevo che la nostra vita insieme …

- Che voi aborrite solo a pensarci- lo interruppi- perché non fate che paragonarmi nel vostro cuore a colei che avete perduto e trovate che io sia brutta e insignificante al suo confronto. Così vi sentite in diritto di respingermi, di tenermi alla larga da voi e dal vostro cuore e mi accusate di volerne prendere il posto non richiesta. Ma voi sapete come me che nessuno di noi due è stato libero di scegliere ed io certo non ho colpa se vi hanno separato da lei. Mi rinfaccerete per tutta la vita questo amore perduto? Perché allora non avete lottato per lei? Come una tigre avreste dovuto tirar fuori gli artigli e invece vi siete chiuso in voi stesso, macerandovi fino a mettere in pericolo la vostra stessa vita. So bene che non mi amate e forse non lo farete mai e se mai verrete nel mio letto sarà perché il dovere di sovrano e la fedeltà alla famiglia imperiale vi chiamano. Ma credete forse che per me sia diverso? Mi avete allontanata da voi fin dal primo momento e ora... ora venite a dirmi ...

Le lacrime mi strozzavano le parole in gola, cercai di inghiottirle per riprendere il controllo delle mie emozioni – Vi prego, andatevene, voglio restare sola.

Leopoldo era rimasto in silenzio ad ascoltare il mio sfogo amaro.

- Calmatevi – mormorò - e perdonatemi. Vi ripeto che non voglio forzare la vostra volontà. Accusate me di non poter dimenticare, ma neppure il vostro cuore è davvero così libero come volete far credere. Non voglio che cominciamo così male la nostra vita insieme. E' stato un mese terribile quest'ultimo ed io devo ancora riprendere le redini di me stesso. Volevo solo parlare un po' con voi.

Mi prese una mano e con l'altra mi asciugò le lacrime che scorrevano sul mio viso. Mi fece sedere di nuovo sulla poltrona in cui ero sprofondata al suo arrivo. Si sedette ai miei piedi e indicò il libro che avevo in mano .

- Che cosa stavate leggendo, posso saperlo?

- Poesie.

- Già, se non ricordo male siete molto poetica, specialmente quando parlate del mare e dei cieli stellati. Non abbiamo avuto molto sole ultimamente,vero? Ma io credo che lo troveremo presto, quando saremo lontani da qui, in Italia, io e voi da soli.

- Credete?

- Certo, fidatevi e siatemi amica. Ne ho bisogno.

Lo guardai e vidi che era sincero.

- Volete leggermi una di quelle poesie?- chiese poi

- Sono in spagnolo, lo capite?

- Appena un poco, ma non è troppo diverso dall'italiano, se ricordo bene, e quello lo conosco perfettamente. Alla corte di Firenze parleremo italiano ovviamente e mi sono impegnato a

fondo per impararlo come si conviene.
Voi naturalmente partite avvantaggiata, visto che siete nata in Italia
- Ma ho un accento napoletano da tagliarsi col coltello e, secondo i miei insegnanti, questo non andava bene. Era la loro disperazione.
- Imparerete anche il fiorentino. Lo impareremo insieme, se volete- aggiunse.
Sorrisi all'idea di noi due che, come scolaretti, ci applicavamo alla sera per studiare la parlata toscana.
- Cosa vi fa sorridere?- chiese lui
- Noi due che facciamo i compiti alla sera per sfoggiare un bell' italiano al mattino!
  - Ah, certo, ne riparleremo. Quella poesia allora?
Scelsi la poesia che amavo di più e che parlava del profumo dei fiori d'arancio

e di gelsomino che salivano nella notte stellata dell'Alhambra fino alle finestre aperte dell'amata. E lei sospirava il suo dolore per non poter raggiungere il suo cavaliere e fuggire con lui. Prigioniera di un palazzo dorato, ma per lei più buio di una prigione.

Leopoldo ascoltò in silenzio, poi mi chiese spiegazioni sulle parole che non aveva capito e, infine, volle che la leggessi di nuovo.

- E' molto bella anche se triste. Vi assomiglia un po'.

- No, altezza, direi che assomiglia piuttosto a voi.

- E voi vi sentite prigioniera?

- Un poco; ero abbastanza viziata alla corte di mio padre e mi sentivo padrona del mondo. Ora ... ho paura.

- Di che?

- Di affrontare il mondo reale e di non avere nessun amico che mi aiuti a farlo.

- Ci sarò io.

- Voi?

- Insistete a non fidarvi delle mie parole. La colpa è mia, lo so, e vi chiedo perdono. Ma sono sincero quando vi dico che saremo amici . Datemi tempo, vi prego, per tutto il resto.

- Il tempo guarisce il tempo distrugge. Il tempo non dà l'amore che il cuore non sente.

- Chi l'ha detto?

- Lo diceva sempre la mia governante napoletana. Deve essere un detto italiano.

- Può darsi che si sbagli,no?

- Può essere- ammisi

- Lo sperate?

- Sì - confessai- credo di ... - scossi la testa e non conclusi.

Leopoldo nascose il viso tra le mie

mani, baciandole con tenerezza:

- Che cosa? Ditelo, per favore.

- Di essermi innamorata di voi. Perciò vi ho odiato tanto per la vostra freddezza di questi giorni, quando avrei voluto calore ed affetto.

Leopoldo sussurrò:- Siete per me come il sole dopo l'inverno. Non posso promettervi che dimenticherò, ma vi giuro che vi rispetterò sempre e vi sarò sempre vicino. Potrete contare su di me in ogni momento della vostra vita.

Mi strinse a sé e mi baciò. Io ricambiai quel bacio e, per la prima volta dalla partenza dalla Spagna, mi sentii a casa.

Rimanemmo a chiacchierare per un pezzo di poesie, della Toscana, del mare di Napoli e dei giardini dell'Alhambra, delle Alpi innevate e dei parchi di Vienna.

Leopoldo rideva delle mie battute napoletane ed io mi incantavo ad ascoltare i suoi progetti politici, rimanendo meravigliata della sua maturità e ponderatezza, inusuale per un ragazzo così giovane. Voleva il mio parere su cose che io ignoravo totalmente.

Quando me ne scusai lui osservò:- Non vi preoccupate , ve le insegnerò io. Sapete che in famiglia mi chiamavano " Il dottore" proprio per questa mia mania di spiegare a tutti le cose che non sapevano?

Era ironico e qualche volta realmente simpatico.

Si fece tardi e Leopoldo disse che per lui era ora di andare.

- Vi ho disturbato anche troppo e sarete molto stanca.

- Non mi avete disturbato, sono stata felice della vostra visita.

- D'accordo. Ci vediamo domani mattina.

- Sì.

Si inchinò baciandomi la mano con la solita compostezza formale. Andò verso la porta, poi ci ripensò e tornò verso di me. Mi abbracciò quasi convulsamente e mormorò: - Non vorreste concedermi di restare con voi questa notte?

Sentii un'esplosione di gioia dentro il mio cuore – Lo desidero più di ogni altra cosa al mondo.

Lui mi sciolse i capelli ed io gli slacciai la camicia. Le nostre mani si incontrarono e le nostre bocche si cercarono quasi con avidità.

Mi prese in braccio, nonostante io protestassi che non doveva fare quello sforzo, e mi posò sul grande letto che quella notte ci vide finalmente diventare marito e moglie.

Poco dopo l'alba mi svegliò e mi disse che doveva tornare nei suoi appartamenti per prepararsi alla partenza.

Io, ancora mezza addormentata, non mi capacitai subito della situazione e dovetti guardarlo con l'aria un po' istupidita di chi vede un fantasma, perché lui mi baciò e mi disse :- Non ricordate più che ora sono vostro marito?

Sorrisi :- Sì, lo ricordo.

- E la cosa non è di vostro gusto?

- Lo è e ... - arrossii interrompendomi , non avevo ancora abbastanza confidenza per chiedergli che cosa lui avesse provato nel fare l'amore con me e tanto meno osavo avventurarmi su quel terreno scivoloso che era l'indagine delle sue fantasie. Se aveva pensato a lei mentre stava con me o se invece io fossi finalmente diventata ai suoi occhi una persona reale con i sentimenti, le paure, le gioie e le aspettative di ogni essere umano e non di una donna ideale, per altro irraggiungibile, che splendeva di luce propria come un sole, senza macchie e debolezze.

- Sì- disse lui semplicemente- E' stato molto piacevole anche per me. E … non ho pensato a lei, se è questo che volete sapere. Ero davvero con voi, solo con voi. Ora però devo andare.

- Ancora un poco, non è ancora giorno, era il canto dell'usignolo e non dell'allodola.

- Non ditemi che conoscete il teatro elisabettiano.

- Sì, abbastanza, ci sono opere che adoro, sebbene qualcuno dei miei insegnanti lo ritenesse inadatto ai tempi moderni, troppo denso di passioni e di cupe tragedie.

- Anche a me piace, anche se l'ho dovuto leggere quasi di nascosto da mia madre. Dunque, mia adorata, è tempo di andare, anche se ho più desiderio di rimanere. Ci incontreremo più tardi.

D'un tratto un lampo doloroso mi traversò l'anima e gli strinsi con forza un braccio; lui mi guardò stupito :

- Che c'è?

- Non andatevene, non vorrei fare la fine di Giulietta.

- Romeo, se non sbaglio, l'ha amata fino alla morte. A che cosa alludete?

- Niente , è solo che , improvvisamente, non so come ho visto con chiarezza che io non vi potrei in ogni caso sopravvivere e che la mia vita finirà con voi.

- Che pensieri tetri! Non vanno bene in una ragazza così giovane. E proprio dopo la prima notte con il marito. Non siete serena?

- Lo sono, ma … è difficile spiegare

quello che ogni tanto mi accade. Sensazioni irrazionali , intuizioni inspiegabili, che però si verificano poi sempre con esattezza come le ho viste all'improvviso, in un lampo che schiarisce le tenebre del futuro.

- Temo che i vostri insegnanti avessero ragione , il teatro di Shakespeare non è adatto a voi.

- Non fate il pignolo con me, non lo sopporto.

- Oh, oh, siete così decisa nonostante l'aspetto dolce e remissivo?

- Sta a voi scoprirlo, mio signore.

Lui rise e se ne andò senza aggiungere altro.

Mi sdraiai di nuovo con un sospiro di felicità in attesa di chiamare le cameriere che dovevano vestirmi e prepararmi per il viaggio che mi attendeva quel giorno.

Sfiorai con la mano il cuscino su cui

fino a poco fa poggiava la sua testa e giurai a me stessa che l'avrei conquistato a tal punto che gli avrei fatto dimenticare per sempre i suoi amori adolescenziali.

Non sapevo ancora che avrei invece dovuto combattere per tutta la vita contro i fantasmi di altre, molte altre donne, pur rimanendo per lui quella a cui ritornava sempre come ad un porto sicuro, l'amica che lo sosteneva e lo incoraggiava nel suo lavoro incessante, lo consolava delle sue pene e lo curava nei momenti di debolezza fisica e psichica.

Capitolo 4

Ripercorrendo verso sud la pianura Padana trovai un clima del tutto diverso da quello che avevo incontrato andando verso l'Austria. Il caldo soffocante e la cappa di umidità stagnante si erano rotti con le piogge d'agosto ed ora il cielo era più limpido, la temperatura piacevole.

Le giornate di viaggio erano lunghe e massacranti, ma Leopoldo pareva essersi rimesso pienamente e non dava segni di particolare stanchezza, al contrario di me che spesso mi sentivo a pezzi.

Viaggiare insieme a Leopoldo fu un'esperienza unica. Non parlava molto di solito, ma aveva un suo modo di spiegare le cose, di osservare il paesaggio che attraversavamo che affascinava per l'acutezza, la concretezza e nello stesso tempo per la capacità di dare alle sue conoscenze un substrato logico e razionale stupefacente. Io lo ascoltavo interessata e affascinata, ma mi rendevo conto ogni giorno di più della mia inadeguatezza culturale nei suoi confronti. Lui pareva felice di avermi vicino e le nostre notti insieme si stavano rivelando sempre di più piacevoli ed eccitanti. Non eravamo più tornati su quel doloroso argomento affrontato nella lettera; io aspettavo che fosse lui a parlarmene spontaneamente, lui forse sperava che io avessi dimenticato e mi contentassi di ciò che al presente la vita mi offriva. Del resto poteva una donna desiderare di più di ciò che avevo io?

No, onestamente.

Eppure il mio cuore, insaziabile e forse di fondo piuttosto geloso, voleva o avrebbe voluto qualcosa di diverso da quella pur bella amicizia, che stava davvero crescendo tra noi, da quei rapporti coniugali in cui c'era molta passione, ma forse poco amore .

Un giorno, eravamo appena partiti e stavamo dirigendoci verso Bologna su una strada resa piuttosto disagevole da alcuni recenti temporali, all'improvviso senza un vero perché mio marito mi sussurrò all'orecchio:- Non vedo l'ora di arrivare a stasera per venire nel vostro letto-

Arrossii violentemente e lo guardai offesa : non erano da lui quel tipo di affermazioni , in presenza di altre persone e in più non mi piaceva quel tono, solo in apparenza innamorato.

Osservò sarcastico :- Non vi offendete, non è il caso, no?

Non lo capivo e mi piaceva sempre meno.

- Per favore- dissi- spiegatevi-

- Dopotutto avete pur accettato di diventare mia pur sapendo che non vi amavo e dunque non avete motivo di mostrarvi tanto riservata.

Il tono era pungente ed amaro ed io sentii un gelo improvviso nel cuore. Lui ora era diventato silenzioso e quasi cupo e tale rimase praticamente per tutta la durata del viaggio, fino a che ci fermammo a Bologna per la notte. Avevamo un pranzo di gala quella sera, che fu scintillante e una vera tortura al tempo stesso. Non sapevo cosa avessi detto o fatto di sbagliato per meritarmi così all'improvviso quell'atteggiamento insultante. Leopoldo durante la serata fu sempre formalmente corretto, in realtà freddo e irritante.

Mi chiesi se avesse avuto qualche notizia che l'aveva sconvolto, qualche messaggio che l'aveva messo in agitazione.

- Credevo fossimo diventati quasi amici, o per lo meno questo volevate farmi credere - lo investii per prima quando ci incontrammo finalmente da soli, senza dargli il tempo di aprire bocca- E invece vi siete già rimangiato le vostre stesse parole. Se pensate che io possa accettare senza fiatare questi vostri sbalzi d'umore senza giustificazioni, vi dico subito che vi sbagliate.

Impallidì serrando le mascelle; sapevo ormai che l'unico modo di stanarlo era partire all'attacco, se avessi implorato e supplicato le sue confidenze non avrei ottenuto che altri silenzi.

- Voi credete di poter bastare alla mia felicità?- chiese

- Non sono così ingenua. Non parlo di amore, ho usato la parola amicizia. Per il resto … - ebbi un vago gesto tra sconsolato e rassegnato- sta a voi stabilire se e quando volete venire nel mio letto, no? Non sarò io a cercarvi se la cosa vi disturba così tanto … vorrei solo che foste chiaro e sincero, niente altro. Mi regolerò di conseguenza. Se volete che faccia solo da tappezzeria o se invece desiderate una compagna di vita o ancora un'amica. Però ditemelo , anch'io ho dei sentimenti come voi e non potete pretendere che io sia qui al vostro servizio solo per essere insultata da voi a vostro piacimento, anche se siete mio marito.

- La mia felicità o infelicità non vi riguardano.- ribatté con tono acido- E quanto al resto non credo mi interessino affatto le vostre emozioni femminili.

- Da dove vi viene questa improvvisa arroganza e presunzione?

Non rispose affatto e si limitò ad un inchino formale prima di andarsene.

Aspettai che la porta fosse chiusa alle sue spalle, aspettai fino a che non fui certa che si fosse allontanato abbastanza da non potermi sentire, poi scoppiai in singhiozzi convulsi che cercai invano di soffocare contro il cuscino.

Questa dunque sarebbe stata la mia vita futura? Uno sposo distante e spesso malinconico, chiuso in se stesso, incapace di confidarsi e di darmi fiducia e di capire che io ero invece pronta a donargli la mia amicizia e il mio affetto incondizionato?

Se però a lui non interessava niente di

tutto ciò non aveva che da dirmelo, avrei chiuso nel cuore l'amarezza, avrei cercato di vivere la mia vita senza contare su nessun altro che me stessa.

Non so quanto a lungo piansi, forse non avevo mai provato tanto affanno e dolore in vita mia.

Non riuscivo a frenare i singhiozzi. Mi addormentai d'un tratto e, quando mi risvegliai , mi accorsi che il cielo stava già schiarendosi. Ero ancora completamente vestita. Mi tornò in mente il colloquio della sera prima con Leopoldo e di nuovo, o forse ancor di più, mi sentii desolatamente sola. Eppure, pensandoci a mente fredda, mi convinsi che quell'atteggiamento così insolito in lui doveva essere stato determinato da qualche avvenimento a me sconosciuto. Era un tipo malinconico e chiuso, ma sensibile, non arrogante e indelicato.

Quando ci incontrammo per la colazione, ci limitammo ai saluti formali imposti dall'etichetta. Lui aveva il viso terreo dalla stanchezza, forse non aveva dormito affatto. Non avevamo il coraggio di guardarci lealmente negli occhi come facevamo di solito. Il suo bacio cerimonioso fu così freddo che sottrassi istintivamente la mano e non potei fare a meno di sussurrargli: - Non vi ho chiesto niente e vi prego di lasciarmi in pace da qui in avanti.

Ebbe un attimo di indecisione, poi rispose :- Farò come volete, signora, ma …

Non volevo sentire nessun ma e mi allontanai da lui, senza dargli il tempo di aggiungere altro.

In carrozza finsi di essere assorbita dal paesaggio, che si inerpicava verso gli

Appennini, mentre in realtà ero soffocata dalla solitudine ; lui chiacchierava amabilmente con il ciambellano, ma doveva essere in balia di una terribile tempesta interiore. Quando ci fermammo per il pranzo, Leopoldo mi aiutò cortesemente a scendere dalla vettura e percepii dalla stretta della sua mano che cercava un modo per riavvicinarsi. Non avrei ceduto, ero così triste che, se avessi potuto, sarei rimasta in carrozza a piangere tra le braccia della mia governante, che invece era lontanissima e non poteva avvicinarmi in base a quell'assurda rigidità dell'etichetta che non si attenuava neppure durante il viaggio.

Prima di ripartire mi chiese se volevo accompagnarlo in una breve passeggiata a piedi nei giardini della villa che ci ospitava.

- Preferirei di no . Sono stanca, scusatemi.

- Vi prego, ho bisogno di respirare un po' prima di rinchiudermi di nuovo in quella carrozza e mi farebbe piacere che voi veniste con me.

- Potete farvi accompagnare dal signor conte di Thurn.

Cercavo di non guardarlo, ma lui mi costrinse ad alzare la testa e mi fissò negli occhi .

- Non potete fare questo piccolo sacrificio? Forse farà bene anche a voi respirare aria fresca.

Senza dire una parola gli porsi la mano e ci avviammo lungo i vialetti del parco.

- Domani arriveremo a Firenze – esclamò lui ad un certo momento- Non siete ansiosa di vederla? Io muoio dalla curiosità e sono abbastanza eccitato.

- Non avete detto che è indifferente per

voi quello che io provo? Mi pare che siate stato chiaro, no?

Si fermò di botto, fronteggiandomi : - Non ho mai detto cose del genere.

- Sì, altezza, ed eravate sincero, ora state mentendo.

- Siete insolente.

- Ma dico la verità, voi invece …

- Io invece … non ho dormito una sola ora questa notte ripensando alle cattiverie che vi avevo detto . Vi ho sentito singhiozzare e sarei voluto tornare indietro, ma il mio orgoglio l'ha avuta vinta. Mi dispiace. Accettate le mie scuse.

Scossi la testa – No, non posso.

- Ve lo chiedo umilmente.

- Che importanza ha per voi? Potete fare di me e della mia vita ciò che volete, senza bisogno di sapere cosa penso . Dunque …

- Non è vero. Voglio davvero la vostra

amicizia.

- E lo dimostrate così? Se c'era qualcosa che vi aveva ferito o turbato perché non dirlo? Perché io so che qualcosa è accaduto e se voi foste capace di provare amicizia per qualcuno dividereste con lui il vostro affanno. Invece vi chiudete in voi stesso e non mi permettete di aiutarvi. A che vi servo quindi?

- A non fare naufragio- rispose, ma non ebbi modo di chiedergli a cosa alludesse perché si stavano avvicinando il suo primo gentiluomo e la mia prima dama di corte e nessun'altra intimità ci fu permessa.

Quegli interrogativi rimasero in sospeso per molte ore nel mio cuore ed ero certa che non li avrei risolti per molti giorni ancora perché sicuramente lui alla sera avrebbe avuto molte questioni di cui parlare con i suoi consiglieri e non mi avrebbe onorato della sua visita. Probabilmente, anzi certamente, di scuse così plausibili per non restare solo con me era alla disperata ricerca.

Era abbastanza tardi quando mi ritirai nel mio appartamento. Pensavo all'indomani, alla città che doveva diventare la mia nuova patria, dove avrei trascorso il resto della mia vita. Ero curiosa di conoscerla come una bambina di fronte ad un giocattolo nuovo, anche se sapevo che niente, al di là delle apparenze, delle feste, degli evviva della gente, sarebbe stato facile nella sostanza. Mi ero informata sulle abitudini del paese e Leopoldo a sua volta me ne aveva parlato diffusamente, ma non sapevamo come poi le cose si sarebbero in pratica mostrate " dal vivo". Il carattere mio forse non avrebbe avuto difficoltà

eccessive ad adattarsi, ma non ero
altrettanto sicura che la stessa cosa
sarebbe avvenuta per Leopoldo. Il suo
temperamento non aveva molto in
comune con quello italiano e, secondo
me, il suo contegno, la sua serietà, il
senso talvolta esagerato del dovere, la
puntigliosità non si sarebbero
accordate facilmente con i modi di
essere e di vivere dei suoi sudditi . Io
gli italiani li avevo conosciuti e sapevo
che, pur ammirando certe doti di rigore
e di serietà, dopo un po' se ne
stufavano e preferivano qualcuno che
sapesse anche "pazziare ". A Napoli un
sovrano che non amasse il lusso e le
feste non avrebbe avuto molta fortuna,
a Firenze non sapevo, ma dubitavo
fortemente che potesse essere
altrimenti.

Ero ansiosa di vedere il palazzo (anzi i
palazzi) dove avremmo abitato e poi

… le strade, le chiese antiche, che mi dicevano piene di meravigliose opere d'arte. Avevo anche letto qualcosa sulla storia drammatica e struggente del grande amore tra uno dei granduchi dei Medici ed una nobile dama, che egli aveva amato per tutta la vita e per cui aveva fatto costruire una meravigliosa dimora. Ne avevo parlato una sera a Leopoldo e gli avevo chiesto che cosa ne pensasse. Lui aveva ammesso, quasi candidamente, che gli sembrava una storia bellissima, al che io avevo replicato: - Forse per la moglie non era così bella.

- La moglie? Lei aveva il suo ruolo e la sua dignità ufficiale. L'amore è un'altra cosa .

Avrei voluto chiedergli :- Anche per noi sarà così?- ma non avevo osato, forse per paura che mi rispondesse - Ovviamente- la qual cosa mi avrebbe ferito, più di quanto mai avrei ammesso fino a poche settimane prima. Lui però aveva insistito: - Voi siete davvero troppo sognatrice, eppure dovreste aver visto come vanno, e come sono sempre andate, le cose nei matrimoni reali.

- Sì, certo – avevo concesso con rammarico- Magari però non sempre. I miei genitori si amavano e anche vostro padre e vostra madre .

Lui si era rannuvolato all'improvviso e aveva tagliato corto, cambiando repentinamente argomento.

Non sapevo perché quando si parlava dell'imperatrice si rabbuiasse sempre. Eppure diceva di amarla e, sicuramente, aveva per lei un'ammirazione sconfinata.

Di pensiero in pensiero mi ero quasi addormentata quando fui risvegliata da un leggero rumore.

Nell'oscurità appena rischiarata dalle candele che avevo sul tavolino accanto al letto intravidi Leopoldo che veniva verso di me. Feci finta di dormire sperando che se ne andasse, ma quasi subito sentii le sue labbra che si posavano sulle mie. Aprii gli occhi e lui rise :

- Sapevo che stavate fingendo.

- No, affatto, mi avete svegliato voi.

- Vi dispiace se rimango?

- E' nel vostro diritto, altezza.

- Non vi ho chiesto questo. Se vi disturbo me ne vado.

- Non avete bisogno di chiedere. Ed io non ho il potere di negarvi nulla.

- Siete esasperante. E' sì o no?

- Sì , altezza, secondo il vostro desiderio.

- Siete terribile, lo sapete? All'apparenza così remissiva … Mio padre mi aveva detto che non avevate un carattere forte e che io dovevo essere sempre gentile e comprensivo nei vostri confronti , ma chi gli aveva dato simili false informazioni?

Il tono severo era smentito dal viso sorridente.

Si sedette sul bordo del letto, scalciando via le scarpe . Cominciò a baciarmi e non ebbi modo di replicare.

Come avevo previsto era rimasto a parlare con i suoi consiglieri fino a tardi ed era eccitato per l'ingresso che avremmo fatto l'indomani nella capitale del Granducato.

- Dobbiamo partire molto presto. Alle otto dobbiamo essere a Firenze, vogliamo evitare che la folla sia troppa, potrebbero esserci degli incidenti. Perciò sarà meglio che dormiate un po'.

- Non ho più sonno e volevo chiedervi una cosa importante, che non mi dà pace.

- Va bene, dite , e vediamo se so rispondervi.

- Promettete di non inquietarvi?

- Prometto.

- Che cosa è accaduto che vi ha reso tanto triste?

- Nulla di importante.

- E per una cosa da niente siete diventato così …

- Sgradevole e odioso?

- Non l'ho detto.

- Pensato sì, però.

-Insomma non volete dirmelo? I vostri segreti non sono mai da condividere, o sbaglio?

- Ho ricevuto una lettera - cominciò per poi interrompersi subito, forse deciso a non dire altro.

- Ebbene?

- Poiché insistete, allora ve lo dirò: ho ricevuto una lettera da mia sorella, nella quale mi parlava di molte cose accadute in questi giorni a Vienna ed ho sentito una grande nostalgia.

- Perché mentite? Non voglio sapere se a voi la cosa non va, perciò non dite bugie, ve ne prego.

Leopoldo allora d'un fiato disse:- Ho saputo che mademoiselle Erdody si è fidanzata e si sposerà l'anno prossimo. Mi ha chiesto indietro il ritratto di lei che conservo ancora.

Non mi guardava , ma io sapevo che era arrossito e aveva le lacrime agli occhi. La sua mano era quasi contratta sulla mia. Mi faceva male.

- Perché non me lo fate vedere?- mormorai.

Leopoldo scosse la testa.

- Vi prego. Non temete scenate, non ne farò. Adesso capisco bene quello che volevate dire l'altra sera a proposito del ruolo della moglie del granduca. Sì, capisco. Anche per noi sarà così: voi avrete la vostra vita privata, io il mio ruolo ufficiale. Non dovrò mai chiedervi altro, no? State tranquillo, mi saprò adattare.

Leopoldo mi guardò intensamente - Vi voglio bene, sono sincero quando vi dico che vi considero un'amica.

- Lo so , è che … - inghiottii a fatica il nodo che avevo in gola. - Allora, me lo fate vedere quel ritratto?

Egli tirò fuori da una tasca interna della giacca un astuccio e lo aprì: c'era un ritratto contornato di pietre preziose. Il viso era perfetto, dolce, ma vivace. Due occhi scintillanti, una bocca invitante . Lei era così bella, che io mi sentii perduta. Cercai di vincere la gelosia e il dolore e gli chiesi di parlarmi di lei. Non voleva.

- Non voglio farvi soffrire dell'altro disse, poi cedette, grato, credo, di poter finalmente sfogarsi e dare la stura al suo dolore represso. Alla fine si era alquanto calmato e mi disse: - Spero che non mi volterete le spalle ora che sapete. Ne avreste diritto, ma ve lo chiedo come una grazia speciale.

Io lo rassicurai ed egli, esausto, poco dopo mi si addormentò tra le braccia, come un bambino. Lo guardavo dormire quasi sereno dopo tanta tempesta e mi sembrava che mi avessero lacerato il cuore. Dunque non lo avrei mai avuto accanto come innamorato? Che fossimo amici era già tanto, ma sentivo che non mi sarebbe mai bastato. Vidi con chiarezza per la prima volta che quelle scene si sarebbero ripetute ancora : lui avrebbe sempre cercato altrove il suo amore ideale, convinto di averlo perso definitivamente e di non poterlo trovare in me

Capitolo 5

L'ingresso in Firenze fu emozionante: la gente , nonostante l'ora e nonostante che si fosse cercato di non dar troppa pubblicità alla notizia, era assiepata lungo le strade, acclamando i nostri nomi e dimostrando gioia per il nostro arrivo. Era commovente, almeno per me, sentire gli auguri che si riferivano alla nostra felicità familiare , ai futuri figli che il Signore ci avrebbe concesso.

Qualcuno aveva suggerito di non far troppo caso a queste manifestazioni di affetto, perché il popolo, si sa, esulta sempre ai cambiamenti, aspettandosi di vedere risolti i suoi problemi e poi, quando si accorge che questi rimangono invariati (e non potrebbe essere diversamente visto che i miracoli difficilmente accadono), passa alle maledizioni con altrettanta facilità. Comunque io avevo bisogno per il momento di credere a quello che sentivo e immagino che per Leopoldo fosse la stessa cosa; il suo viso era raggiante ed euforico. Certo il sentire così palpabile il potere aleggiare intorno alla sua figura non doveva giocare un ruolo secondario in questa sua insolita animazione.

Lui ora era il Granduca e questo gli dava come era naturale una certa ebbrezza , anche se tenuta a freno dalla naturale ponderatezza e sobrietà del suo carattere.

Mentre il corteo delle nostre carrozze sfilava per le vie della città ogni tanto Leopoldo si girava verso di me con un sorriso inequivocabile e mi stringeva la mano così forte da farmi dolore le dita. Era come se dicesse : - Vedete che avevo ragione? Saremo felici qui-

Io ero molto meno ottimista, ma come dargli torto? L'atmosfera era esaltante in ogni senso.

Arrivammo infine a Palazzo Pitti, che sarebbe stata la nostra residenza ufficiale.

Era una reggia non grande forse rispetto a quelle viennesi in cui aveva vissuto fino ad allora Leopoldo o a quelle in cui si era svolta la mia vita passata (quanto passata mi sembrava già!), ma di forme pure e armoniose.

- Andiamo a scoprire la nostra dimora - mi sussurrò Leopoldo quando ci fu concesso un momento di pausa, dopo i lunghi cerimoniali di benvenuto – O siete stanca?- aggiunse premuroso, guardando il mio viso un po' segnato dalla fatica della giornata.

- D'accordo - dissi- Posso reggere ancora.

- Vediamo se ci piace; perché qui dovremo d'ora in poi costruire il nostro futuro.

Eludendo o allontanando volutamente ogni possibile intrusione, ce ne andammo in giro per il palazzo, nei lunghi corridoi, nelle belle sale ricche di opere d'arte, fin negli angoli più remoti. Nel giardino, un po' trascurato, ma affascinante.

Fu lì, vicino alla fontana dell'Isola che Leopoldo mi chiese:

- Allora ne siete soddisfatta? Qualunque cosa vogliate cambiare , ditelo e sarà fatto. Vorrei che foste perfettamente a vostro agio e felice nella vostra casa.

- Vi ringrazio, ne terrò conto. Sono molto frastornata adesso. Mi sembra tutto molto bello, anche se un po' freddo. Il giardino è suggestivo, ma mi pare che non sia stato molto curato ultimamente, no?

- Non è e non sarà mai comunque come un giardino spagnolo- insinuò lui.

- Avete detto che verrà il sole qui, non l'ho dimenticato e allora io non penserò più ai giardini di Madrid.

- Io mantengo sempre le mie promesse.

- Non è facile quando ci sono nubi nel nostro cuore.

Allora Leopoldo mi costrinse a girarmi verso di lui e per la prima volta da quando ci eravamo conosciuti mi disse:- Vi amo.

Ricorderò sempre i suoi occhi e l'espressione del suo viso mentre diceva quelle parole, il leggero profumo dell'erba e degli ultimi fiori estivi, il fruscio dell'acqua nel silenzio assoluto che riempiva gli spazi intorno a noi, mentre i nostri pensieri si facevano leggeri e si incontravano , fondendosi in modo che io volli illudermi fosse indissolubile, nella buona e nella cattiva sorte.

A causa del grave lutto che aveva colpito la famiglia imperiale con la morte dell'imperatore Francesco non ci furono feste né ricevimenti sfarzosi e l'insediamento avvenne nella maniera più semplice e severa .
Soltanto diversi mesi dopo, terminata la Quaresima, ci fu il giuramento ufficiale del Senato al nuovo Granduca e le feste ufficiali furono rimandate alla festa del patrono di Firenze, il 24 di giugno, al nostro ritorno da una visita a Pisa e Livorno .
Nel frattempo però era morto anche il primo gentiluomo di corte, il consigliere più amato e fidato di Leopoldo, colui che da anni gli era

vicino con i suoi insegnamenti e i suoi consigli. Mio marito lo amava e lo stimava molto e ne fu addoloratissimo. Del resto quei primi mesi non erano stati affatto facili, perché si erano subito presentati problemi finanziari di non facile soluzione. I debiti lasciati dalla reggenza, i cattivi raccolti che avevano seminato nel paese fame e malattie, la richiesta di Giuseppe di avere il patrimonio lasciato in Toscana dal padre, ma spettante a lui di diritto in base al testamento ... pareva che i problemi spuntassero da ogni parte , perversi , a rendere difficile e angoscioso l'inizio del nuovo governo. Leopoldo li affrontò di petto, buttandosi con energia al lavoro, ed io , che ovviamente negli affari di stato non dovevo e non volevo immischiarmi, più di una volta fui in ansia per la sua salute. Tuttavia, anche nei momenti più critici mio marito riuscì a mantenere il suo sangue freddo e non dimenticò mai di mettermi a parte dei suoi problemi, dimostrando di credere davvero seriamente nell'amicizia che si era instaurata tra noi.

Nell'estate del '66 mi accorsi di aspettare il mio primo figlio e Leopoldo, quando glielo dissi, parve impazzire di gioia . Da quel momento divenne premuroso nei miei confronti in maniera persino eccessiva, tanto che qualche volta mi sentivo quasi soffocata da tante attenzioni. Una sera, una bella sera estiva in cui eravamo nel giardino di Poggio Imperiale per godere un po' di frescura dopo la giornata afosa e caldissima, gli dissi scherzando che tutte queste sue premure mi mettevano in sospetto.

- Spiegatevi, che volete dire?- mi

chiese lui

- Per la verità non so a che cosa attribuirle, se al vostro amore per me o a qualcos'altro.

- Dubitate del mio affetto?

- Ditemi voi se dovrei farlo- lo punzecchiai.

- No, nella maniera più assoluta. Lo sapete bene, e ve ne ho dato dimostrazione in molte circostanze, che siete importante per me.

- Non è una risposta che lasci fuori ogni dubbio, ma, conoscendovi, la prenderò per buona. Comunque credo che questo figlio, o figlia che sia, avrà un posto molto più importante del mio nel vostro cuore. Sbaglio?

- Mi fate delle domande a tranello e non vi risponderò. Qualunque risposta io vi dia voi la girerete contro di me. Siete diventata abile in questi sofismi.

- Ho imparato da voi e dai vostri amici,

come farei a salvarmi altrimenti?

Rise e mi baciò.

- Comunque non temete di perdere il vostro posto nel mio cuore, anzi ora che sarete anche la madre di mio figlio , raddoppierete il vostro valore ai miei occhi, non credete?

Era quasi un anno che eravamo a Firenze ed era stato anche per me un anno di esperienze importanti, alcune drammatiche, come quando eravamo andati a distribuire personalmente il pane ai poveri affamati ed io mi ero sentita combattuta tra due sentimenti estremi e opposti : da un lato la pena profonda per quella gente, ridotta in condizioni tali da perdere ogni dignità umana , il che mi faceva in qualche momento sentire in colpa per le ricchezze e gli agi di cui io potevo godere senza limiti con estrema naturalezza, dall'altro un senso di disgusto quasi invincibile per il sudicio, gli stracci, gli odori nauseanti, le grida che mi sembrava di vedere e sentire dappertutto, quasi costringendomi a volte a voltarmi altrove per non esserne travolta. Resistevo solo seguendo l'esempio di mio marito, che pareva immune da simili bassi sentimenti ed era in grado di rapportarsi con quella povera gente come se non avesse fatto altro in vita sua, come se in lui il senso del dovere fosse sinceramente accompagnato da una pietas antica che lo rendeva profondamente partecipe del dolore del suo popolo. Perché per quella gente lui sentiva davvero una responsabilità di padre, nonostante fosse ancora quasi un ragazzo. E certo i suoi diciannove anni lo mettevano a rischio di forti delusioni, di contraccolpi talvolta difficili da reggere, lo sapevo bene, lo sperimentai più volte, quando nei momenti di confidenza e di intimità lo sentivo teso, malinconico, deluso e alla ricerca di stimoli per andare ancora avanti nonostante tutto. Così in pratica ci sostenevamo l'uno con l'altra e questo cementava la nostra amicizia e il nostro affetto . A settembre arrivò da Vienna il nuovo capo del governo in sostituzione del conte di Thurn, morto all'inizio dell'anno e fui io ad accoglierlo poiché Leopoldo si trovava in quel momento a Pisa. Quando mio marito mi aveva avvertito che probabilmente, durante la sua assenza di qualche giorno, sarebbe giunto a Firenze il conte Rosenberg e che io avrei dovuto fare gli onori di casa, mi ero risentita:- Vi pare il caso?- gli avevo detto   - Vostra madre a Vienna andrà su tutte le furie quando lo saprà. Non sarebbe meglio che rimandaste il vostro viaggio?

- Non ci penso nemmeno- aveva replicato seccamente – Sono io a decidere qui cosa fare o no, non l'imperatore o la regina. E voi siete perfettamente in grado di rappresentarmi. So che posso fidarmi di voi.

- Vi ringrazio della fiducia,ma …

- Non ci sono ma, signora, voi accoglierete il conte come meglio non si potrebbe ne sono certo, e con ciò il discorso è chiuso.

Sapevamo entrambi che avrebbe potuto benissimo fare a meno di quel viaggio e che la sua era solo una sfida nei confronti di chi pensava di poterlo guidare sempre ed in ogni atto del suo governo, Voleva mettere in chiaro di non essere soggetto a nessuno e più volte si era già messo in rotta di collisione con il fratello e con la madre, che avrebbero voluto decidere ogni passo per lui. L'affare dell'eredità lo aveva ampiamente dimostrato, anche se poi, alla resa dei conti, era stato lui a dover chinare il capo, logicamente. Ma non era stata una resa senza condizioni e aveva fatto capire che negli affari di Toscana sempre meno avrebbe consentito ad altri di mettere il naso.

- D'accordo, se siete pronto a subire le conseguenze di tutto questo … per me va bene. Però non dite poi che non vi avevo avvertito.

- Non lo farò, sono pronto a sopportare i rimproveri di mia madre, se è a questo che alludete.

- E per il resto?

- Che altro?- chiese sinceramente stupito.

- Anche da parte mia ci saranno rimproveri, lo sapete.

- E perché di grazia?

- Mi lasciate sola e , con la scusa del viaggio di affari, andrete a divertirvi, no?

- Assolutamente no . Chi vi ha messo in mente certe idee?

- Devo averlo sognato stanotte- lo provocai.

- I vostri sogni non dicono il vero.

- Sarebbe la prima volta, davvero la prima.

I suoi occhi ridevano divertiti, nonostante l'aria severa che si imponeva.

- Allora vi chiedo perdono fin da adesso, ma vi giuro che ...

Gli chiusi la bocca con la mano :- Non giurate, vi prego, stavo solo scherzando. Sapete che ho fiducia in voi. E d'altra parte se anche fosse avrei forse il potere di cambiare i vostri sentimenti?

- Non vi sottovalutate , sapete quello che valete per me.

- Conosco i miei limiti, altezza, non c'è bisogno che me li ricordiate.

Leopoldo non replicò: sapeva che non poteva dirmi bugie e che la verità mi avrebbe ferito, perciò di solito, in certe occasioni, preferiva tacere.

Ero certa, anche se non ne avevamo più parlato, che il recente matrimonio del suo amore perduto, lo aveva profondamente ferito, pur sapendo razionalmente che nessuno poteva rimediare a certe decisioni prese dall'alto, molto in alto, e che questo suo viaggio voleva essere un antidoto alla nube tossica che da qualche settimana aleggiava sul suo cuore. Io non avevo , come al solito, nessun potere in questo senso. Niente era cambiato anche se le lacrime dei primi giorni ormai da tempo inondavano solo la mia anima e non il mio cuscino. Leopoldo lo sapeva e credo che in un certo senso ne fosse abbastanza addolorato .

In effetti le reazioni negative dell'imperatrice ci furono, eccome: arrivò una lettera molto dura in cui la mia augusta suocera rimproverava Leopoldo per questo viaggio di piacere a Pisa , per la gita a Lucca per assistere ad uno spettacolo teatrale e soprattutto per non essere stato presente all'arrivo del suo inviato. Lei disse: per avermi lasciata sola nello stato in cui mi trovavo, ma ovviamente il senso non era quello.

Leopoldo mi mostrò la lettera appena arrivata e la commentò con tono piuttosto sarcastico.

- Ora devo studiare la risposta adatta- concluse.

- Vi prego, non complicate le cose.

- Ma no, assolutamente, non credete che sia abbastanza abile da confezionare una lettera perfetta?

- Vostra madre è sempre così premurosa nei miei confronti, non vorrei che...

Mi interruppe - Vi ho detto di non preoccuparvi. Siete troppo buona per riuscire a capire i sottintesi, ma se volete vi insegnerò a scoprirli al di sotto del tono così cortese di tutte le nostre lettere, anche le più feroci.

-Continuo a pensare che l'interessamento di sua maestà sia sincero nei miei riguardi.

Sorrise e mi toccò una guancia - Non potrebbe essere diversamente, siete così trasparente e dolce che sarebbe impossibile per chiunque non volervi bene.

- Per tutti tranne che per il mio sposo.

- Che dite? Che sciocchezze sono

queste?

-Ah, scusate, stavo solamente riflettendo ad alta voce, qualche volta mi succede, ma l'osservazione mancava di un punto interrogativo finale.

- In ogni caso era sbagliata.

 Finsi di accettare per buona la sua affermazione, ma in verità non ci credevo più di tanto.

Dopo la dichiarazione d'amore che mi aveva rivolto mentre eravamo nel giardino di Palazzo Pitti, mai più mi aveva detto " Vi amo" ed io ero ormai da tempo giunta alla conclusione che quella frase fosse stata dettata dall'euforia del momento che aveva portato mio marito ad essere pervaso da un ottimismo e da un'eccitazione assolutamente insoliti in lui. Del resto, mi chiedevo, quanto può valere sulla bocca di un uomo quella frase, a cui io avevo voluto dare un significato che certo non aveva?

Leopoldo allungò una mano ad accarezzarmi e sentii il bimbo muoversi sotto di essa.

\- State bene?

\- Sì, anche le nausee sono ormai passate da qualche giorno.

\- Lo dirò a mia madre, sarà felice di saperlo. E il prossimo viaggio lo faremo insieme così constaterete di persona che non dovete avere dubbi su di me.

Mi fissò francamente negli occhi e aggiunse, quasi mi avesse letto nel pensiero - E che ero sincero quando vi dissi che vi amavo.

Il bambino si mosse repentino come avesse avvertito l'esultanza del mio cuore.

\- Io...non so se credervi o meno, ma lui o lei che sia (indicai il mio ventre

rigonfio) si fida talmente delle parole di suo padre che mi ha dato un bel calcio quando le ha sentite. O sarà stato un avvertimento?
Rise di gusto - Siete incredibile, ma anche per questo non potrei più fare a meno di voi.

La bimba nacque nel gennaio dell'anno seguente; io avevo sperato fino all'ultimo che fosse un maschio e quando l'ostetrica mi disse che era una femmina la prima cosa che pensai fu che Leopoldo ne sarebbe rimasto deluso.
Lui invece era al settimo cielo quando venne a vederla e dichiarò che non era mai stato più felice in vita sua e che non aveva mai visto una bimba più bella.
- Non siete deluso allora?- chiesi
- No, affatto, e voi non dovete sentirvi

in colpa per non avermi ancora dato l'erede. Poi- mi sussurrò in un orecchio- ci riproveremo presto. C'è tempo, c'è tempo.

Arrossii e lui concluse :- Siete deliziosa, evidentemente la maternità vi giova.

Quando se ne fu andato mi guardai nello specchio e mi trovai orribile. Non credevo che lui avesse deliberatamente mentito e volli illudermi che mi avesse visto con gli occhi dell'amore. Possibile? Come sempre quando qualche goccia di amore pioveva su di me mi aggrappavo a quel pensiero per calmare la mia gelosia, alimentata quasi quotidianamente dai pettegolezzi di corte, che volevano mio marito assiduo corteggiatore di dame. Lui protestava con me la sua fedeltà, ma io non ignoravo che molte di quelle voci non erano infondate.

Andai con lui a Siena nella primavera e rimasi per qualche giorno in città mentre Leopoldo andava in quella Maremma che tanto lo preoccupava, per la miseria non solo economica degli abitanti, per le pessime condizioni di salute che ne derivavano alla gente. Molti tentativi di bonifica delle paludi e di ripopolamento erano state tentate anche negli anni passati , ma senza alcun risultato concreto e duraturo. Leopoldo aveva studiato ancor prima di venire in Italia la situazione e, quasi subito, aveva deciso di mettere sotto la sua diretta dipendenza il governo di quella zona, distaccandola da Siena. Spesso, durante quel viaggio, mi parlò di un libro che aveva portato da Vienna e che secondo lui era fondamentale per capire il problema e per trovare una via da percorrere per risolverlo. Come sempre trovava in me un'ascoltatrice avida e attenta e questo certo lo lusingava, ma metteva anche a dura prova la sua pazienza (che non era molta) perché dopo lo subissavo di domande. Qualche volta mi permettevo di dargli dei suggerimenti, la qual cosa lo seccava abbastanza, anche se poi spesso ne teneva conto. Quando ciò accadeva me ne informava con un tono tra l'ironico e il compiaciuto. - Vedete, altezza , in quale stima vi tengo? Non lamentatevi dunque di contare meno di madame Pompadour-

E ne ridevamo insieme.

Per la verità Leopoldo non era mai con me così suscettibile e collerico come con i suoi collaboratori e ministri.

Del resto io avevo imparato ben presto a prenderlo per il verso giusto. Sapevo tirargli fuori cose che nessuno riusciva a cavargli di bocca nei momenti di malumore, riportandogli il sorriso sulle labbra dopo una giornata di tensione e di grane, curare le sue frequenti malinconie depressive.

Aveva una grande sensibilità che spesso lo faceva soffrire esageratamente per piccole cose, che un carattere più estroverso del suo avrebbe liquidato con una scrollata di spalle e magari una battuta salace.

Lui no . Era da questo punto di vista ancora il ragazzino che voleva spasmodicamente piacere alla madre, vincendo la concorrenza spietata dei fratelli più grandi e intraprendenti, dimostrare il suo valore, trovare la sua via e che soffriva ogni volta acerbamente della scarsa considerazione in cui erano tenuti i suoi sforzi. Si serviva del suo potere come corazza per difendere la sua fragilità caratteriale.

Io ero riuscita a trovare uno spiraglio in quelle strenue difese, senza forzarlo troppo, senza parlare troppo, cosa che a me piaceva e a lui no . Quando davo qualche ricevimento privato lui rimaneva lo stretto necessario poi si eclissava elegantemente, spesso rifugiandosi nello studio delle carte o della sua prediletta chimica.

Diceva che in quelle mie riunioni si sentivano solo sciocchezze.

Io lo prendevo in giro dicendo che forse lui stava studiando la formula magica per avvelenarmi senza essere scoperto o magari qualcosa per far innamorare tutte le donne che lo interessavano.

- Per quello- mi stuzzicava lui- non ho bisogno di formule magiche.

- Oh, lo immagino. Dicono che siate un conquistatore nato.

- Non ne siete convinta? Non vi siete innamorata di me fin dal primo sguardo?

-Sì- ammettevo candidamente- eravate irresistibile sotto l'acquazzone di Bolzano. Come un papero - ripetevo, ricordando la sua buffa espressione.- Ma rimane l'ipotesi del veleno.

- Già , forse uno di questi giorni troverò la formula giusta e voi sentirete uno strano sapore nella minestra...- ridacchiava

- Pensate ai vostri figli, così piccoli senza una madre- lo supplicavo, cercando di non ridere- risparmiatemi.

- Ci penserò, forse vi concederò questa grazia, ma ad un patto.

- Quale, vostra altezza?

- Che non continuiate a provocarmi con queste allusioni assurde ai miei amori segreti.

- Se non me ne darete motivo ulteriore.

Lui allora abbandonava lo scherzo-
Sapete che vi sono sempre stato fedele.
- Oh, non esagerate ora con le bugie.
Sempre è una parola impegnativa, no?
- Sempre- insisteva- Siete l'unica
donna che possiede le chiavi del mio
cuore.
- Ma molte altre vi abitano.
Leopoldo a questo punto non ribatteva
mai e cambiava regolarmente
argomento, così che io sono rimasta
sempre nel dubbio della risposta.
Il viaggio a Siena ci permise di
scoprire una città deliziosa, della gente
viva e cordiale, molto attaccata alle
proprie antiche tradizioni.
Ogni volta che ci spostavamo per
visitare qualche città ero del resto una
scoperta: la terra toscana si apriva
incantevole davanti ai nostri occhi.
Tesori affascinanti di arte e di cultura,
spesso tuttavia trascurati e in pericolo,

soffocati dall'incuria della gente, che aveva ben altri problemi a cui far fronte.

Per Leopoldo niente era invece da trascurare, ogni dettaglio andava conosciuto e controllato: dalle grandi opere di comunicazione, strade o ponti, alle dogane, fabbriche, biblioteche e archivi, ma anche ospedali e ospizi per i trovatelli, chiese e torri costiere, dai prezzi delle grasce e del sale a quello della carne o del vino. Ogni paese, anche il più piccolo e sperduto , meritava la sua attenzione, la sua visita. A lui non importava la forma, ma la sostanza delle cose.

La vita di corte era quasi spartana, se confrontata con quella di altri stati, le cerimonie e il lusso lo infastidivano, diceva che soffocavano la sua libertà e coprivano con forme ridicole la ricchezza degli animi. Non amava gli abiti complicati né che a corte le dame si pavoneggiassero nei loro abiti all'ultima moda.

- Però - gli dicevo- quando andiamo alle feste guardate sempre le belle signore truccate e ingioiellate e certo nel vostro cuore le paragonate al mio viso un po' scialbo, con risultati per me decisamente sfavorevoli.

- Voi andate bene così come siete , non voglio che cambiate.

- Dipende dalla concorrenza, se diviene spietata dovrò pur adeguarmi.

Era un gioco ricorrente fra noi quello di punzecchiarci a vicenda, specialmente sul tema della rivalità femminile. Ma, al di sotto di quel gioco, in realtà c'era, da parte sua, il desiderio di giustificare almeno in parte le sue avventure galanti, che avvertiva forse errate, ma a cui non poteva resistere, e, da parte mia, la necessità prepotente di sentirmi essenziale alla sua vita e di vincere un drammatico e impotente sentimento di gelosia. Al di là dei figli, che continuavano ad arrivare puntuali facendo la sua e la mia gioia.

Capitolo 6

Nell'estate del '68 accompagnammo a Napoli sua sorella Maria Carolina che andava sposa a mio fratello Ferdinando.

Erano quasi dieci anni che non lo vedevo ed ero felice che quell'incarico, affidato a Leopoldo dalla imperiale famiglia viennese, mi desse l'occasione di incontrarlo di nuovo ed anche di rivedere i luoghi della mia infanzia felice, quando ancora i sogni e i desideri stavano nelle stelle luccicanti sul golfo di Napoli. La missione non fu facile, ma del resto io lo immaginavo e l'avevo detto a Leopoldo: mio fratello era rimasto a Napoli da solo ancora bambino, mio padre l'aveva affidato a istitutori e reggenti che gli avevano lasciato molta, troppa libertà. Era rimasto un ragazzo scapestrato, poco istruito, che amava stare con gente volgare e non aveva nessuna intenzione di occuparsi delle cose dello stato. Il momento più difficile fu quello della consegna della sposa alla corte di Napoli. Maria Carolina, all'atto di salutare le sue dame, scoppiò improvvisamente a piangere a dirotto e a singhiozzare da far pena ai cuori più duri. Cercammo di consolarla , lei si strinse ancora per qualche minuto a me e al fratello, poi, all'improvviso, la crisi parve cessare, Carolina rialzò la testa, assumendo quel contegno perfetto che le era proprio e che avevo imparato a conoscere e ad apprezzare nei giorni in cui era rimasta a Firenze.

- Coraggio - le sussurrai- non sarà così tremendo, mio fratello non è cattivo.

Vi vorrà bene, ne sono sicura. Sarete felice.

Mi strinse ancora una volta le mani e poi, con un sorriso un po' mesto, ma senza una parola si staccò da noi, andando verso le nobili dame napoletane che l'attendevano.

Leopoldo era rimasto letteralmente sconvolto da quella scena che non si aspettava e qualche tempo dopo mi confessò : - Prego Dio di non farmi più assistere a simili cerimonie. Ma ditemi, e siate sincera, anche voi avete pianto così quando a Genova avete lasciato il vostro seguito?

- No.

- Nemmeno un po'?

- Se avessi avuto con me un fratello o una sorella probabilmente l'avrci fatto, ma davanti alle mie dame o a degli sconosciuti, no, piuttosto che farmi vedere così debole e indifesa sarei morta. Ma vostra sorella ha solo 15 anni, io ero una donna . In realtà comunque anch'io ho pianto tanto prima della partenza e poi ... anche dopo, quando ero già in Italia ... ci sono state notti in cui non facevo altro che piangere e pregare ...

- Di grazia, per che cosa pregavate? Che vi fosse risparmiato il matrimonio con me?

- No, non quello.

- Allora cos'altro?

- Non ve lo dirò, è un mio segreto.

Leopoldo mi strinse forte una mano – Desidero saperlo.

Quando diceva così era un ordine, non un desiderio.

- Altezza, per gli altri non per me tutti i vostri desideri sono ordini.

Nei suoi occhi passò un'ombra di disappunto, che la voce, cortese, non tradì.

- Come volete, naturalmente, avete diritto ai vostri segreti.

- Vi dirò tuttavia che non ho ancora smesso di piangere e pregare, anche se sono diventata brava a nasconderlo bene a quelli che mi stanno intorno ogni giorno.

- Non siete felice con me?

- Il problema non è se io sia felice con voi, dovete ribaltare i termini della questione. O forse porla in altro modo.

- Cioè?

- Domandatevi se voi siete felice con me, e ancor meglio se vi basta ciò che avete, visto che andate continuamente alla ricerca, in molti altri luoghi lontani da me, di quello che pensate vi manchi. Vedete, altezza, quando partii da Madrid per venire a sposarvi, avevo molte paure e ansie che sono comuni a tutte le spose , ma , a differenza di loro, avevo una certezza :

che il mio sposo aveva già il cuore impegnato ed io sarei stata vista come un'intrusa e respinta. Pregavo di potervi piacere, altezza, che poteste innamorarvi di me, ma a quanto pare non sono stata esaudita. Sono forse una sciocca sentimentale, ma ancora, dopo tutto questo tempo, non so darmi pace. E così continuo a pregare che quel miracolo avvenga.

- Ma è avvenuto ed è stato durante il nostro viaggio da Innsbruck a Firenze. Dovreste saperlo .

- Altezza, quello che so è che state ancora cercando la vostra felicità, non negate l'evidenza.

- Sì, lo nego, non sono affatto alla ricerca di altra felicità che non sia quella che mi date voi e i nostri figli. E voi dovreste smettere di ascoltare i pettegolezzi di corte.

Lo guardai negli occhi – Non ascolto i

pettegolezzi, ma non fatemi il torto di considerarmi una donna senza cervello, senza occhi e senza orecchie.

- E voi non fatemi il torto di considerarmi un cicisbeo. E' una categoria di uomini che detesto.

Rimanemmo per qualche secondo a guardarci in silenzio. Poi lui sorrise e si chinò verso di me per baciarmi.

Lo fermai.

- Altezza, come al solito vi piace invertire le parti, non sono io che non ho stima di voi. Sapete quanto vi ammiri per ciò che fate e quanto vi ami.

Leopoldo mi interruppe abbastanza concitato : - Ma anche voi sapete quanto siete importante per me anche se non riesco a convincervi del mio amore. Volete un giuramento?

- Negate che ci siano state e ci siano tuttora altre donne nella vostra vita e nel vostro letto?- domandai. Avrei voluto dare un tono duro alle mie parole, ma le lacrime mi strozzavano la gola e ne venne fuori un sussurro quasi indistinto - Negate dunque quello che è evidente a tutti?

Leopoldo capì che non poteva eludere la domanda, che non era la solita schermaglia. Stavolta volevo una risposta chiara e lui sapeva perché : dopo l'ultimo ballo prima della partenza da Firenze, invano l'avevo atteso nelle mie stanze secondo la sua promessa e al mattino dopo qualcuno si era premurato di farmi arrivare la voce che il granduca non aveva dormito nei suoi appartamenti. Mentre salivamo in carrozza gli avevo sussurrato: - Non avete dormito stanotte?

- Ho avuto molte cose da sistemare prima della nostra partenza. Ho dormito qualche ora nello studio privato.

- Sarete stanco allora.

- Un po', mi riposerò durante il viaggio.

- Dovevano essere questioni senza dubbio molto importanti per farvi venire meno ad una promessa ...

- Già – aveva tagliato corto lui.

Ed io, come sempre, avevo ricacciato indietro pungenti fitte di gelosia, ma non rinunciato a chiedere prima o poi il conto.

- L'unica cosa evidente è che nessuna donna potrà mai prendere il vostro posto.

- Ah, non ne dubito, i trattati parlano chiaro e non sarebbe cosa di poco conto infrangerli.

- Non in quel senso- rispose lui piccato.

- E' inutile – scossi la testa sconsolata

– non riesco a credervi. Troppe volte ho avuto prove del contrario.

- Quali prove? Mi spiate forse? Avanti , allora, ditemi i nomi delle mie amanti, i luoghi, le ore in cui ci incontriamo – era irritato e stava diventando scortese – Sono certo i vostri domestici a tenervi informata o magari qualche damigella che avrebbe voluto godere dei miei favori ed è rimasta delusa.

- Volete i nomi? Ne ho un intero elenco, chiedete e sarete accontentato.

Mi afferrò sgarbatamente per un braccio – Sì, a questo punto li esigo.

Era furioso, ma aveva gli occhi quasi lucidi.

Avrei potuto insistere, andare fino in fondo, era il momento giusto per costringerlo a confessare … ma poi? Che cosa avrei ottenuto? Una cocente umiliazione per lui, che l'avrebbe allontanato ancor più da me e spinto tra le braccia di altre, un dolore in più per il mio cuore.

Mi resi conto d'un tratto che non era questo che volevo, semplicemente non me la sentivo di sbugiardarlo e di mettere allo scoperto le sue debolezze. Gli volevo bene nonostante tutto, nella buona e nella cattiva sorte. Il pensiero delle belle e giovani dame che passavano tra le sue braccia, che lui riempiva di baci e di tenere parole mi avrebbe fatto sempre impazzire, eppure io avevo anche qualcosa che loro non avrebbero mai avuto : i suoi figli, la sua amicizia , la possibilità di stargli vicino nei momenti più difficili, di seguire e di sostenere la sua azione di governo. Le giornate passate in campagna , la nostra complicità.

Scossi la testa :- Perdonatemi, non avevo diritto di parlarvi così. Davvero sono stata molto sciocca, vi chiedo scusa, altezza, e il permesso di ritirarmi nelle mie stanze.

Lui arrossì violentemente, ma, preso alla sprovvista dalla mia resa repentina, non fece commenti né domande.

Mi sentivo improvvisamente svuotata di ogni energia.

Giurai a me stessa che mai più avrei ceduto alla gelosia che trafiggeva il mio cuore e mai più avrei affrontato quell'argomento, qualunque cosa fosse accaduta.

Leopoldo si inchinò cerimonioso – Come desiderate, naturalmente. Se me lo permettete verrò a trovarvi più tardi.

Mi volsi per andarmene , ma lui mi attirò a sé e mi baciò con passione.

Io corsi via per non fargli vedere le mie lacrime.

Un'ora dopo mi sentii male e capii di

aver perso il figlio che aspettavo da un paio di mesi.

Quando Leopoldo venne verso sera nei miei appartamenti trovò sulla porta le mie cameriere e la vecchia governante che lo informarono dell'accaduto, pregandolo di lasciarmi riposare tranquilla.

Lo udii sbraitare che avrebbero dovuto avvertirlo subito, anche se era occupato con il sovrano e i suoi ministri, che erano degli incoscienti. Un minuto dopo entrò come una furia nella mia camera, invano seguito dalle mie dame che cercavano di convincerlo a calmarsi. Quando mi vide a letto, sofferente ancora e sconvolta per ciò che era successo, si immobilizzò per un attimo, poi si accostò quasi in punta di piedi.

- Come state? – sussurrò.

Chiusi gli occhi senza parlare,

stringendo i pugni per non piangere.

- Vi prego, cosa posso fare per voi?

- Ho perso il bambino, Leopoldo; Dio, come mi dispiace. E' stata colpa mia, sono stata così stupida!

Con la mano mi asciugò una lacrima, sfuggita nonostante tutto al controllo, sfiorandomi il viso con dolcezza.

- Non ditelo nemmeno per scherzo. Non prendetevi colpe che non avete. Se c'è qualcuno che deve chiedere perdono quello sono io. Ma cosa dice il dottore? Come vi sentite ora?

- Sono stanca, ma passerà; dice che devo solo riposare e nel giro di un paio di giorni sarò in piedi.

- Resterò con voi, se non vi disturbo. Darò disposizioni per annullare ogni altro impegno. Voglio che siate curata nel modo migliore.

Provai a sorridere :- Lo sono già, sono tutti molto premurosi e gentili con me.

Non preoccupatevi.

- Comunque sia non voglio lasciarvi sola. Per il resto … spero di aver presto l'occasione per rimediare.

Si sedette sul bordo del letto e, sollevandomi delicatamente, mi strinse a sé : - Se perdessi voi perderei la mia bussola. Ho bisogno di voi, della vostra pazienza, del vostro sorriso, della vostra bontà. Dimenticate, vi prego, quell'elenco.

Vicino a lui, senza parlare, cercai di godere fino all'ultima goccia di quella felicità che mi veniva concessa.

Quando entrò il dottore, Leopoldo si alzò, rimettendomi giù con estrema cautela.

Volle sapere ogni dettaglio dal medico e finalmente, quando ebbe avuto tutte le informazioni che desiderava, si calmò un po'.

Dette degli ordini alle mie cameriere e

qualche minuto dopo arrivò uno dei suoi domestici con alcuni libri. Si sedette su di una poltrona accanto al letto, pigramente stendendo le lunghe gambe davanti a sé, e si dispose a trascorrere la notte in camera mia.

Insistetti che non avevo bisogno di niente e che andasse nelle sue stanza a riposare, ma non ci fu verso di convincerlo.

- Non vi libererete facilmente di me – disse – E voglio tenervi d'occhio perché non facciate sciocchezze, non mi fido.

- Almeno venite a stendervi un po' sul letto . Non mi darete fastidio.

- Sto benissimo qui non preoccupatevi. Pensate a riposare tranquilla.

- Cosa state leggendo?

- Economia, finanze, monete … tutta roba divertente. Ne vorreste un saggio?

- Magari un'altra volta. Sapete cosa

vorrei ora più di ogni altra cosa?

- Dite e sarà fatto, qualunque cosa sia.

- Fate aprire completamente quella finestra che dà verso il mare. Stasera devono esserci milioni di stelle e se non sbaglio la luna è quasi al colmo. Forse tra poco qualcuno comincerà a suonare per le vie del quartiere vicino e qualche eco di quella musica potrebbe arrivare fin qui.

Leopoldo si alzò personalmente e spalancò la porta finestra che dava su un grande terrazzo. Uscì fuori per qualche minuto e quando rientrò sorrideva.

- E' uno spettacolo incantevole. Vostro fratello vi ha riservato un appartamento che sembra fatto apposta per saziare il vostro spirito poetico. E' stato premuroso.

- In realtà queste erano le mie stanze quando vivevo ancora qui. Giusto dieci anni fa le lasciai per andare a Madrid. Le conosco bene.

- Non me l'avevate detto!

Leopoldo si guardò intorno come se volesse scoprire in quelle stanze chissà quali segreti nascosti. Cominciò ad esplorarle attentamente, sfiorando ogni tanto con la mano un quadro, un mobile, un tendaggio.

- Che fate?- chiesi

- Cerco di catturare quella parte del vostro animo che è rimasta qui. Perché c'è , non è vero?

- Sì, qui sono rimasti i miei ricordi più cari e più intensi. Rivedere la città e il palazzo è stata un'emozione unica, che non avrei mai pensato di poter provare.

Leopoldo mi venne vicino :- Ce la fate ad alzarvi per qualche minuto? – domandò.

- Credo di sì, perché?

- Venite, andiamo insieme sul terrazzo.

Voglio guardare il mare con voi.

Gli porsi una mano e, sebbene con una certa fatica, mi alzai dal letto e lo seguii fuori.

Il paesaggio era incantevole, mi parve di aver ritrovato d'un tratto la mia vita, di poter finalmente saldare insieme passato e presente e di dare a quest'ultimo il suo autentico significato.

Poggiai la testa sulla spalla di Leopoldo, senza parlare.

- Avevate ragione quando parlavate del mare di Napoli - sussurrò lui- non ho mai visto niente di più suggestivo. Ora credo di capire molte cose di voi. Perdonatemi se vi ho fatto soffrire .

Sentii la testa improvvisamente vuota, le gambe deboli e mi appoggiai a lui per non cadere. Leopoldo se ne accorse e subito, allarmato , chiese cosa avessi.

- Niente, è solo un momento di

debolezza, passerà.

- Torniamo dentro, sono stato imprudente a farvi alzare .

- No, aspettate. E' così bello qui e forse non mi capiterà più di essere felice come ora.

Mi strinse più forte senza parlare.

Restammo a lungo a guardare la notte e a chiacchierare . Lui, curioso come sempre, voleva sapere le storie della mia infanzia, dei miei giochi di bambina. Si scandalizzò un po' quando gli raccontai della insolita libertà di cui avevamo goduto io e i miei fratelli da piccoli, ricordando per contrasto la rigidissima disciplina che aveva accompagnato i suoi anni di bambino e di adolescente. Avrei voluto che quella notte durasse all'infinito.

Ad un certo punto ci accorgemmo che la luna stava calando sul mare e Leopoldo, come risvegliandosi da un sogno, si batté la mano sulla fronte: - Che idiota sono ! Siete in piedi da troppo tempo. Andiamo, vi riaccompagno subito a letto.

Non volle sentire ragioni questa volta e mi fece di nuovo coricare con mille attenzioni.

- Lasciate la finestra aperta, vi prego, voglio guardare ancora per un poco il cielo.

D'un tratto di lontano, portati dal vento di terra, si sentirono dei canti ed una musica un po' malinconica.

- Sentite?

- Sì.

- Sono le canzoni della gente che si prepara al lavoro della giornata che sta per cominciare. Qui tutti cantano forse per consolarsi della vita troppo dura .

Mi addormentai con quella musica lontana nelle orecchie mentre Leopoldo mi teneva una mano tra le sue.

Il soggiorno a Napoli si protrasse forse più del previsto: mio fratello insisteva perché restassimo ancora e Leopoldo era affascinato dai luoghi che visitò ed in particolar modo dal mare, anche se un giorno questo gli giocò un brutto scherzo, rischiando di far affondare la barca su cui era uscito con Ferdinando, assecondando uno dei soliti capricci infantili di mio fratello. Io ero felice , anche se mi mancavano i miei due bambini, e nel rivedere Caserta o Portici, Posillipo e il golfo mi sembrava di tornare indietro nel tempo, di potermi riappropriare di tutti i miei sogni, che a Firenze si erano sfilacciati fin quasi a dissolversi. E mi piaceva riascoltare quella parlata che adoravo. Leopoldo mi guardava critico quando mi sentiva parlare con le cameriere quasi come se fossi una di loro. A volte mi rimproverava che non era degno di una granduchessa (ma tutte le dame della corte e persino mio fratello facevano la stessa cosa) ed io ribattevo : - Qui non sono la granduchessa, non siamo a Pitti. Piuttosto cercate di imparare qualcosa anche voi, gioverà al vostro umore.

- Cos'ha il mio carattere che non va?

- Nulla, ma guardate come la gente qui ha imparato ad affrontare la vita con filosofia, pur nella miseria; il loro carattere è davvero impagabile. Non trovate?

- Non so , credo che non mi si addica molto.

- Io lo trovo unico e adorabile.

- Perché vi somiglia.

- E' un complimento o un rimprovero?

- Per voi decisamente un complimento. Siete il mio contro altare perfetto. Ma io ho bisogno di agire, di decidere, di studiare , non posso perdere tempo solamente in divertimenti o come dicono qui a tirare a campare. Impazzirei a vivere come vostro fratello. Non è una critica, né per lui né per gli altri, ma il tempo passato così mi sembra sprecato.

- So che avete ragione, eppure qualche volta un po' più di leggerezza vi farebbe bene.

Leopoldo alzò le sopracciglia contrariato.

- State diventando , al solito, impertinente. Dove volete andare a parare?

- Ho finito qui per la verità. Anche se voi pensate che non ne capisca niente, io ho un'ammirazione infinita per tutto quello che avete fatto finora e che state studiando per il futuro.

- Chi vi ha informato delle mie intenzioni?- chiese ironico- devo credere che abbiate davvero delle spie al vostro servizio?

- No, semplicemente vi ho udito l'altro giorno parlare con il signor Tanucci e, poiché avete avuto qualche volta la bontà di mettermi al corrente degli affari di governo, ho capito o creduto di capire ciò che state preparando per i prossimi mesi.

- Ah, davvero? Volete essere così cortese da ragguagliarmi sulla cosa?

- Mi prendete in giro , altezza?- cercai di schermirmi.

Leopoldo insistette ed io fui costretta ad accontentarlo. All'inizio mi sentivo un'oca impacciata, ma poi vedendo che lui mi ascoltava con interesse senza interrompermi, andai avanti con più disinvoltura, osando persino dire il mio parere.

Leopoldo alla fine sorrise divertito.

- Non c'è male, granduchessa, non c'è

male davvero. Sembrate uno dei miei ministri più preparati. Non vorrete per caso entrare nel consiglio di stato? Se foste un uomo vi prenderei in seria considerazione.

Lo guardai imbronciata, non so perché non mi piaceva quell'osservazione pur tanto logica e naturale.

- Non credete che anche una donna possa avere capacità di governo? Eppure siete figlio di una regina e di una imperatrice che ha fatto valere i suoi diritti contro mezza Europa, che ha tenuto testa ai re più potenti senza scomporsi. E che ne pensate delle donne di casa Medici, dell'elettrice palatina ad esempio? Ho letto la sua storia in questi giorni. Non la trovate una donna eccezionale?

- Sì, certo, mise in riga persino la diplomazia imperiale. Forse leggete troppi libri di storia, un giorno o l'altro mi farete le scarpe. Siete troppo intelligente per me.

- Adesso state davvero prendendomi in giro, altezza, e non va bene : dovete più rispetto a vostra moglie.

- D'accordo , allora quando torneremo a Firenze, verrete alla Petraia con me; devo giusto studiare alcune disposizioni molto importanti e voi potreste essermi utile con i vostri consigli.

Ero così felice di quella notizia, quasi come un bambino a cui viene promesso il regalo tanto desiderato, che lo baciai con trasporto senza badare agli sguardi un po' stupiti dei presenti e Leopoldo rispose nello stesso modo.

Capitolo 7

Ancor più che Poggio Imperiale o
Castello, la villa della Petraia era il
nostro rifugio prediletto. Leopoldo
amava la natura e la vita semplice,
come suo padre e i suoi stessi fratelli ;
alla Pietraia non veniva che qualche
amico e passavamo il tempo a leggere
e a parlare di cose che niente avevano
a che vedere con la società brillante ,
con le feste, i pettegolezzi, gli affari di
governo. Qualche volta giungevo ad
augurarmi che il tempo si fermasse e
non dovessimo più tornare a corte. Lì,
in quel giardino semplice, con gli
amici più sinceri, senza fretta, senza
frastuono, Leopoldo diventava
insolitamente loquace, aperto, cordiale.
Diceva che gli si rinfrescava il
cervello, che riusciva a riprendere le

forze per continuare il suo incessante e difficile lavoro, che a volte metteva in crisi il suo fisico oltre che il suo spirito. Anche nelle lunghe sere d'inverno studiava e lavorava fino a tardi e la luce delle candele o della lampada gli rovinava gli occhi.

Qualche volta voleva la mia compagnia; me ne stavo in silenzio per ore ad aspettarlo e non riuscivo a lavorare a maglia o tanto meno a ricamare a quella luce bassa. Lui non diceva niente, ma ogni tanto si voltava verso di me ed ogni volta aveva un sorriso di sollievo, come se si fosse aspettato di non trovarmi più.

Mormorava : - Siete stanca? Se vi annoiate potete andarvene- e voleva dire tutto il contrario.

Non si aspettava risposte da me. Una volta che avevo ribattuto: - Mi sto divertendo un mondo - mi aveva guardato un po' seccato e si era rimesso al lavoro senza una parola.

Il giorno dopo però si era scusato:

- Se non vi va potete rifiutare di farmi compagnia la sera. Magari preferite la conversazione delle vostre dame.

-In nessun caso la loro compagnia vale la vostra, anche quando state in silenzio. Vorrei solo un po' più di luce. Non capisco come facciate a non rovinarvi la vista.

- In effetti mi fanno spesso male gli occhi, ma poi passa.

- Non va bene, dovete provvedere o vi proibirò di lavorare di notte.

Fece una smorfia senza dir nulla.

- Ho sbagliato verbo?- chiesi- Dovevo dire pregherò?

- Credo di sì; il verbo proibire non mi si adatta.

Era verissimo. Leopoldo era testardo e, come tutti gli introversi, si chiudeva a riccio se gli pareva che qualcuno volesse forzare la sua volontà. Andava in collera, poi si pentiva e diventava freddo e scostante. Sapevo che dentro stava soffrendo le pene dell'inferno perché non riusciva a buttar fuori niente. Ci voleva un misto di pazienza e di determinazione, di carezze e di punzecchiature per ottenere qualcosa. Era puntiglioso, razionale, annotava tutto, scriveva tutte le sue osservazioni e riflessioni , voleva sapere nel dettaglio ogni cosa, dalle grandi questioni di stato al menù dei bambini. Non gli sfuggivano i malumori della gente ad alcune sue riforme né le cattiverie che si dicevano di lui e della sua vita privata. Amava la perfezione e si adombrava se qualcuno di sua fiducia mostrava debolezze umane. Però era capace di capire e scusare se si accorgeva che gli errori erano stati fatti in buona fede.

Leopoldo era sempre in movimento, in giro per il granducato, a vedere,controllare, tastare il polso della situazione. Conosceva anche gli angoli più remoti, le strade più disagevoli e ascoltava tutti. Dava ordini e disposizioni a raffica, sempre indaffarato a migliorare, riformare, modernizzare.

Amava farsi spedire libri da Parigi ed ogni volta che ne arrivavano io ero messa a parte della festa perché, come lui, era avida di novità.

A Firenze avevo avuto modo di conoscere insuperabili capolavori d'arte e mi ero innamorata dei colori e delle figure del Botticelli. Le sue donne avevano dei volti che mi incantavano, delle fattezze eleganti e squisite. Ed anche, benché così differenti, i quadri dei pittori veneti mi costringevano a soffermarmi , a immaginare, a contemplare mondi per me sconosciuti. Non avevo mai visto Venezia, di cui avevo sentito magnificare gli splendidi palazzi sull'acqua, l'opulenta ricchezza, lo splendore delle feste.

Nell'aprile del 1770, poco prima della nascita del nostro quarto figlio, passò da Firenze un giovanissimo musicista austriaco di nome Wolfgang Amadeus Mozart, accompagnato dal padre e soprattutto dalla fama di essere un vero genio delle note. Chiesi a Leopoldo di organizzare un concerto a Poggio Imperiale, ardevo dalla curiosità di ascoltarlo, ma non volevo lasciare la villa perché ero alla fine della gravidanza e non me la sentivo di spostarmi a Pitti. Mio marito amava molto la musica e i concerti di corte, suonava passabilmente il violino e il clavicembalo e qualche volta mi aveva offerto privatamente un saggio della sua bravura, ottenendo come al solito grandi lodi da parte mia, che forse non erano molto obiettive, ma sicuramente sincere.

- Dicono che sia stato un fanciullo prodigio e che stia diventando famoso in tutta Europa.

- Allora non possiamo non invitarlo anche noi. Dobbiamo quanto meno essere all'altezza delle altri corti. Giusto?

- Non è quello che intendevo, altezza, per la verità.

- Dunque?

- Chi l'ha udito dice anche che la sua musica è degna degli angeli. Non è una questione di moda, sono sinceramente interessata ad ascoltarlo.

Leopoldo annuì con un breve sorriso

più degli occhi che della bocca e si inchinò:- Vi accontenterò e del resto anch'io sono molto curioso di vedere questo fenomeno che, da quel che mi hanno riferito, è notevole.

Il giovane Mozart aveva allora solo 14 anni ed aveva già suonato per varie corti e salotti. Aveva un viso minuto e grazioso quasi da bambino, due occhi mobili e vivacissimi, ma quelle che incantavano in assoluto erano le mani : lunghe, eleganti, bianche, veloci, sembravano dotate di vita propria; sapevano trarre suoni e armonie a volte delicate e sognanti, a volte solenni, a volte energiche e vivacissime.

Arrivato a Firenze il 30 di marzo ebbe udienza la domenica 1 aprile da Leopoldo che gli fece presente il mio desiderio di ascoltare un suo concerto. Così il 2 aprile arrivò a Poggio Imperiale, naturalmente accompagnato dal padre, suo unico maestro, e si mostrò dapprima un po' impacciato e timido. Dopo che Leopoldo lo ebbe incoraggiato e lodato acquistò un po' più di scioltezza e rispose alle mie mille domande curiose. Si pose quindi al clavicembalo e cominciò il concerto, che durò per un paio di ore. La sua energia pareva inesauribile, come se la musica fosse per lui fonte stessa di vita. Era concentrato, ma disinvolto, apparentemente non gli costava nessuno sforzo il suonare eppure sul suo viso vedevo passare emozioni intense, quelle stesse che agitavano il mio animo mentre ascoltavo ammirata.

- E' davvero eccezionale- sussurrai a Leopoldo in un momento di pausa – non trovate?

- Sì e immagino che ad un animo sognatore come il vostro si addica bene la sua musica.

- Eppure avete visto che facilità apparente di esecuzione? Sembra che sia nato solo per questo.

- In effetti la tecnica è eccellente ed è ancora tanto giovane. E' quasi incredibile!

Anche Leopoldo, come me, era rimasto avvinto da quella musica divina anche se forse per motivi diversi, meno sentimentali dei miei.

Alla fine, salutandolo, gli accordammo il bacio della mano e lo ricompensammo con preziosi regali.

- Ma - gli dissi - questi sono nulla rispetto al dono della vostra arte.

Mozart ebbe un sorriso infantile che durò un attimo, per cedere il posto all'ossequio formale.

Capitolo 8

Dopo la nascita di Maria Anna , alla fine di giugno andammo a Vienna. Leopoldo già da tempo avrebbe desiderato fare ritorno nella sua città, ne sentiva fortissima la nostalgia dopo cinque anni di assenza, ma l'imperatrice non aveva mai acconsentito a questo suo desiderio. Fu in quell'anno che, stranamente, dette il suo augusto benestare.

Leopoldo era sempre nervoso ed estremamente malinconico quando gli argomenti erano Vienna, la vita trascorsa tra Schoenbrunn e la Hofburg, la famiglia. Come se qualche ferita, mai rimarginata del tutto, bruciasse ancora, non consentendogli di essere sereno e obiettivo nei giudizi, nei pensieri più intimi.

Non mi era difficile immaginare il perché, ma era inutile cercare di appurare con mio marito quanto le mie ipotesi fossero esatte o fantasiose: nemmeno sotto tortura avrebbe ammesso quali fantasmi rendessero inquieti i suoi sogni e le sue notti, ancora dopo tanti anni.

Quando la mia imperiale suocera dette il suo consenso al nostro viaggio stranamente mio marito divenne letteralmente intrattabile per molti giorni di seguito.

Persino i bambini, con cui Leopoldo era sempre paziente e tenerissimo, lo guardavano con timore, sentendo istintivamente la sua agitazione nervosa.

Io sapevo che era meglio tacere in certi casi e ammortizzare con pazienza l'inquietudine, i malumori, le tristezze improvvise e inspiegabili.

Credo che lui apprezzasse questo mio atteggiamento perché spesso, dopo qualche giornata peggiore del solito, veniva a cercarmi, si sedeva vicino a me, magari senza parlare, e alla fine, prima di sparire di nuovo nel suo studio, mi baciava cerimonioso la mano dicendo:- Siete sempre la mia oasi di quiete, non vi ringrazierò mai abbastanza.

Durante il viaggio ci fermammo per l'appunto anche a Venezia e fu davvero una città meravigliosa ed unica quello che si palesò ai nostri occhi. Sembrava spuntare da una favola, tra le acque e il cielo, sospesa, con i suoi palazzi che parevano ricami e non architetture umane.

I miei occhi si beavano di quelle meraviglie e anche Leopoldo, nonostante la sua irrequietezza andasse acuendosi man mano che ci avvicinavamo a Vienna, ne fu talmente affascinato da ridiventare un piacevole compagno di viaggio.

Eravamo quasi arrivati a destinazione quando, una sera, scoppiò finalmente il temporale che da giorni e giorni si stava accumulando nel suo animo. Non ricordo quale fosse stata la scintilla che dette il via alla tempesta, forse la disattenzione maldestra di un servitore o qualcosa del genere, fatto sta che d'un tratto, mentre eravamo in conversazione con alcune dame e gentiluomini del seguito, Leopoldo si rivolse furibondo, in tedesco, a quel malcapitato che evidentemente non aveva eseguito alla perfezione ciò che gli era stato richiesto, lo trattò in malo modo, sotterrandolo sotto un fiume di improperi, tanto da farlo diventare paonazzo per la vergogna e la paura. Poi si alzò con ira dalla sua poltrona e , dopo avermi ordinato con arroganza di andare con lui, si allontanò dalla sala, sbattendo le porte con malagrazia.

Io non lo seguii subito, nonostante gli altri mi pregassero di farlo, più con lo sguardo che con le parole.

Sapevo che era meglio lasciarlo un po' da solo, la rabbia sarebbe sbollita, rendendolo consapevole del suo comportamento inaccettabile. Di solito accadeva così, sebbene quella sera l'avessi visto furioso come mai.

Quando lo raggiunsi più tardi infatti era ancora agitatissimo e continuava ad andare nervosamente su e giù per la stanza senza potersi calmare. Entrai e mi fermai vicino alla porta senza dir niente. Scorgendomi sbottò:- Ce ne avete messo del tempo a venire. Quando do un ordine voglio che sia eseguito subito e questo vale anche per voi, signora.

Gli tesi le mani , che lui afferrò, portandosele alle labbra che tremavano in modo incontrollabile.

- Scusatemi, altezza, non me la sono sentita di lasciare così su due piedi i nostri accompagnatori. Prometto che me ne ricorderò per il futuro. Sapete che per me ogni vostro desiderio è un ordine, ma se permettete non quando viene dato con tanta malagrazia.

Leopoldo impallidì, poi arrossì e disse :- Decido io come dare gli ordini, non sta a voi né a nessun altro giudicare.

Non ribattei , limitandomi a guardarlo francamente negli occhi. Questo lo bloccò quasi subito; appoggiò stancamente la fronte al vetro di una finestra, si passò una mano sugli occhi, rimanendo immobile così a lungo che temetti si sentisse male.

Non mi avvicinai, forse non avrebbe sopportato il mio contatto in quel momento . Lo chiamai sottovoce . Non si mosse, continuando a guardare fuori della finestra come ipnotizzato. Provai una seconda volta. Allora Leopoldo si voltò, osservandomi come se gli fossi del tutto sconosciuta. Finalmente parve riscuotersi e mi fece cenno di avvicinarmi. Quando fui a due passi da lui, mi tese una mano. La presi e lui mi tirò verso di sé. Avvertivo il suo corpo tremare di tensione, ma a poco a poco cominciò a rilassarsi.

Infine sussurrò : - Mi dispiace, quel poveretto non c'entrava niente, vedrò di rimediare come posso.

- Che avete dunque che vi agita tanto da quando avete deciso questo viaggio? Vi prego di non ritenermi presuntuosa se vi dico che credo di aver compreso i motivi della vostra inquietudine; tuttavia vorrei meritare almeno una volta la vostra confidenza su questo affare, che da anni vi lacera il cuore.

- Non è come pensate; mia madre mi ritiene ancora un ragazzino sciocco e imprudente, non ha alcuna fiducia in me, non capite? Tante volte le ho fatto sapere che avrei rivisto volentieri Vienna, che avevo nostalgia di quei luoghi che hanno visto la mia adolescenza, ma lei ha sempre duramente respinto ogni mia richiesta. Immaginate perché?

- No.

- Perché temeva che io rivedessi la contessa Erdody. Prima ancora che ci sposassimo mia madre aveva paura che il mio amore per lei mi facesse aborrire l'idca dcl matrimonio con voi.

- Non aveva forse torto- lo interruppi.

- Sì, invece; non sapevo se vi avrei amato questo è vero, ma non avrei mai anteposto le mie personali inclinazioni al compimento di un dovere e l'imperatrice lo sapeva perfettamente.

- Non è molto lusinghiero per me - osservai, sentendo una leggera fitta di dolore - ma... andate avanti, vi prego.

Nonostante l'agitazione interiore facesse quasi tremare la sua voce, Leopoldo capì che io rischiavo di finire schiacciata e fatta a pezzi dalle sue parole, che delineavano una volta di più scenari in cui facevo la figura di una mera comparsa, oggetto di scambi politici, non certamente soggetto in grado di provare sentimenti e di riceverne, ed ebbe la delicatezza di rassicurarmi.

- Voi sapete che vi amo ormai più di ogni cosa al mondo; promettetemi di non dubitarne qualunque cosa io vi dica.

-Ve lo prometto.

-Mia madre ha scelto per ognuno dei suoi figli sposi e spose, non tenendo conto di nessuna nostra inclinazione, magari sapendo che avrebbe fatto la nostra infelicità. Avete pur visto l'angoscia di mia sorella Carolina e se non fosse stata lei sarebbe toccato a Giovanna o Giuseppa e credete forse che Maria Antonietta abbia trovato la sua felicità a Parigi? Io stesso, vi confesso , ho sofferto indicibilmente nel lasciare i miei sogni d'amore a Vienna per venire a sposarvi a Innsbruck. Eppure abbiamo compiuto il nostro dovere, anche piangendo e magari desiderando di non essere principi imperiali per poter scegliere secondo il nostro cuore. Ma sapevamo fin da bambini che esso non poteva contare nulla di fronte al supremo interesse della famiglia. Mia madre non ha dunque il diritto di dubitare di me, ho sempre fatto quello che mi chiedeva...non ha creduto alla sincerità delle mie affermazioni, quando le scrivevo di voi e della felicità che mi date ogni giorno, mi ha umiliato davanti a tutti, permettendomi di andare a Vienna solo ora che la contessa è stata mandata a Parigi con mia sorella. Sono stanco di essere considerato un adolescente irresponsabile che va protetto da se stesso perché non faccia imprudenze. E voi? Pensava forse che vi avrei esposto ad un confronto da cui sareste uscita sconfitta, ammesso che così potesse essere? E su che piano poi sconfitta?

- Ma lei era bellissima - obiettai sottovoce- e dicono che fosse brillante e intelligente -

- Voi lo siete altrettanto e per il resto mi piacete così come siete; possibile che mia madre non abbia capito che non dovete aver paura di niente, che io sono sicuro del mio affetto per voi e che nessun amore giovanile può offuscarlo?

- Ne siete certo?

Divenne rosso in viso e batté violentemente un pugno sulla parete .

- Sì, per la miseria. Non fate come lei. Non credete dunque alla mia sincerità?

- Vi credo, calmatevi.

- E se anche ci fosse stato questo incontro cosa pensate che sarebbe accaduto? La contessa sa qual è il suo ruolo, come lo sappiamo voi ed io.

- Sareste stato felice di rivederla ?

- Certo, perché negarlo? Non rinnego il passato, come voi non avete bisogno di negare che un tempo lontano, quando eravate una ragazzina, amavate un giovane duca spagnolo per poter ammettere che ora il vostro amore appartiene ad un altro. Mia madre mi ha proibito anche questa piccola gioia, ve lo giuro innocente, e ha dimostrato una volta di più che lei sola vuole decidere non solo della mia vita, ma anche dei miei sentimenti. Mi ha ridotto ad una nullità e questo mi fa impazzire di rancore.

- Forse voleva risparmiarvi solo un dispiacere, l'amarezza di ricordare che la vostra vita attuale vi fu imposta ad alto prezzo.

- Attribuite a mia madre sentimenti che appartengono a voi e non a lei.

- Che ne sapete? Magari stavolta vi sbagliate.

- Impagabile - Leopoldo ebbe un dolce, quasi timido sorriso- La vostra bontà non si smentisce mai. Ma, credetemi, non mi sbaglio.

- Io... – esitai per qualche secondo e lui mi fece cenno di andare avanti un po' impaziente- sono addolorata di quello che dite. Capisco che avrei fatto meglio a non comparire mai nella vostra vita...

- Non dite stupidaggini.

- No, lasciatemi finire. Nessuno di noi ha potuto scegliere , è vero; per quanto mi riguarda però sono certa che, se avessi la possibilità di tornare indietro e di decidere liberamente questa volta, sceglierei ancora voi senza esitare. Se tuttavia fosse necessario potrei anche tirarmi da parte. Forse ora direte di no, che non ci pensate neppure, ma se un giorno dovesse accadere che il vostro cuore trovasse in me un ostacolo alla propria felicità non dimenticate quello che vi dico ora: desidero solo che voi siate felice, il resto non conta.

- Ed ora che dovrei fare? Rimproverarvi per avermi come al solito dato dei punti ed una lezione indimenticabile oppure dimostrarvi tutto il mio amore?

- Preferisco la seconda ipotesi se per voi va bene.

Leopoldo poggiò di nuovo la fronte alla finestra guardando fuori. Il cielo che era stato fino ad allora sereno stava rannuvolandosi velocemente , mentre la luna appariva e spariva pallida tra le nubi che si rincorrevano impazzite, spinte da un forte vento.

- Si prepara un temporale - osservò - si vede che ci stiamo inoltrando verso il cuore dell'Austria. Vi ricordate quando vi dissi che in Italia avremmo trovato il sole che qui non c'era?

- Perfettamente. Ricordo ogni vostra parola ed ogni gesto da quando ci siamo conosciuti cinque anni fa giusto in giorni come questi. Riconosco che allora avevate ragione, cosa che non sempre accade.

- Ah, davvero?

- Credete di essere infallibile?

- No, ad esempio mi ero sbagliato di grosso quando vi vidi per la prima volta.

- Che volete dire?

- Quando scendeste dalla carrozza così fiera pensai che foste una principessa altera e fredda. Non sapevo che dentro avevate tali tesori nascosti.

- Tremavo di paura e di tensione quando mi aiutaste a scendere e cercavo di non dimenticarmi neppure una delle tante raccomandazioni ricevute dalle mie dame. Temevo il vostro giudizio, mi avevano detto che eravate impietoso nel valutare le debolezze altrui.

- Ed ora?

- Non vi temo più, perché anch'io ho scoperto delle ricchezze immense nel vostro animo.

Senza aggiungere una parola Leopoldo

mi chiuse la bocca con un lungo bacio pieno di dolcezza e di passione. Nei suoi occhi era tornato il sorriso.

Trascorremmo quattro mesi nella capitale dell'impero ed ebbi modo di visitare tutte le sue bellezze, mentre mio marito era intento a parlare con sua madre e il fratello di questioni politiche, di leggi e di problemi economici e finanziari. Paradossalmente lo vedevo ora meno di quando eravamo a Firenze, tanto eravamo circondati da ogni parte da nugoli di funzionari, dame, cortigiani e servitori . Dopo qualche settimana già mi sentivo soffocare, nonostante l'atmosfera mi ricordasse molto da vicino quella della corte spagnola e l'etichetta fosse la medesima. A Pitti eravamo ormai abituati ad una vita meno complicata, meno formale, tutto sommato molto più interessante anche se più frenetica, almeno per Leopoldo. Cominciarono ben presto a mancarmi i miei bambini rimasti a Firenze. Avrei voluto portare con me almeno la piccola Maria Anna quando avevamo deciso il viaggio, ma il dottore mi aveva sconsigliato quello strapazzo data la costituzione non troppo robusta della mia quartogenita . E Leopoldo, nonostante anche a lui mancassero molto i suoi piccoli ogni volta che si allontanava anche per pochi giorni, mi aveva convinto che il clima austriaco non era l' ideale per la bimba che aveva appena un paio di mesi. Oltre tutto mio marito aveva terrore del vaiolo che periodicamente mieteva vittime anche nella famiglia impcriale (una delle sue sorelle era morta appena un paio di anni prima).

Quando ci ritrovavamo alla sera,

finalmente soli, nell'appartamento a noi riservato (mia suocera secondo la più rigida tradizione tedesca aveva deciso che dovevamo dividere la stessa camera da letto) succedeva spesso che i nostri discorsi e i nostri pensieri scivolassero verso Firenze e i bambini con immensa nostalgia. Leopoldo voleva sapere quello che avevo visto e scoperto e talvolta considerava con una punta di ironico scetticismo i miei ingenui entusiasmi, dicendosi meravigliato che una principessa come me, proveniente da una corte sfarzosa come quella di Madrid, fosse diventata in pochi anni una austera granduchessa un po' provinciale.

Nonostante i miei timori, appariva tranquillo e abbastanza sereno e la inconsueta condivisione di camera non lo infastidiva. Anzi diceva che una volta tornati a Pitti avrebbe potuto prendere in considerazione l'idea di trasferirsi stabilmente nelle mie stanze.

- Mia madre ogni tanto mi rimprovera per questa abitudine di dormire separati che lei disapprova. Le ho detto che mi sono adeguato alle vostre esigenze, per rispettare le vostre tradizioni di famiglia.

- Non vi sembra di avere mentito sfacciatamente?

- Ma no, sul serio, ho solo forzato un pochino le cose. Del resto voi sareste molto sacrificata se fosse diversamente, pensate ai miei impossibili orari di lavoro, al vostro bisogno di riposo.

- Pensieri gentili, altezza, anche se non del tutto gratuiti. Magari però mi sarei adattata alla svelta. Se volete potremmo davvero provare; se vostra madre desidera che voi seguiate le tradizioni tedesche...

-Non fa che ripetermi che non dovremmo parlare solamente italiano e francese, che dovrei insegnarvi il tedesco, che devo ricordarmi di essere un principe di casa Asburgo ecc ecc.

- E poi la questione della camera da letto. Quella mi sembra la più interessante, ma non la più facile da attuare, no? Certo se penso alla vostra libertà...

- Vedremo, vedremo. Per ora accontentatevi di provare- mi punzecchiava.

Non c'era qui la possibilità per me di dividere con lui i momenti di riposo in giardino e tanto meno la quiete della solitudine della campagna della Petraia.

Ogni tanto lo pregavo di accelerare il ritorno, ma lui invariabilmente rispondeva che non poteva fare diversamente, senza per altro mai spiegarmi le vere ragioni.

Quando finalmente una sera mi disse che saremmo partiti entro qualche giorno dovetti a malincuore confessargli che non mi sentivo molto bene in quei giorni e che il dottore mi aveva consigliato il riposo.

- Allora aspetteremo ancora un po'.

- Vi prego, non potremmo semplicemente fare delle tappe più brevi? Non ascoltate il dottore, non accadrà nulla.

- Ne parlerò con lui domani e poi decideremo.

- Ho tanta voglia di rivedere i bambini.

- Anch'io, ma non voglio che corriate rischi. E mia madre lo sa?

- No, non le ho detto niente.

- Lo saprà entro domani; come sempre non mancherà di chiedere ragguagli al medico sulla nostra salute. E' irritante questa sua abitudine, ma non c'è verso di metterle in testa che non siamo più bambini.

- Farete il possibile?

- Ve lo prometto. Però fate la brava e riposate più che potete.

- Se voi mi state vicino starò molto meglio.

- Lo so che qualche volta qui vi sentite un po' estranea, ma non è poi così male, no?

- Non fraintendetemi, non potevo chiedere un'accoglienza più premurosa e cordiale e la vostra città è bellissima, ma a me piace di più stare a Firenze, nella nostra piccola corte, dove mi sento a casa, dove ogni tanto, scendendo le scale o affacciandomi alle finestre o passeggiando nei giardini, mi capita di avere la fortuna di incontrarvi. Oh, lo so che voi avete cose importanti da fare, a Vienna o altrove poco cambia, ma qui c'è troppa confusione e vi perdo di vista.

- Poi torno sempre.

- Non è questo, è che senza di voi non mi sento me stessa, è come quando vi sentite soffocare in una stanza troppo chiusa e vorreste aprire la finestra, ma non riuscite ad arrivarci. Boccheggiate e vi sentite morire, ma nessuno se ne accorge ed anzi tutti vi si affollano intorno peggiorando la situazione.

- Vi capisco perfettamente e vi confesso che capita la stessa cosa anche a me. Cerchiamo di resistere ancora qualche giorno. Poi tornerete signora assoluta a Pitti.

Capitolo 9

Signora assoluta : queste parole sulla bocca di Leopoldo erano una sottile ironia; lui non avrebbe voluto quella definizione neppure per sé. Ora che Rosemberg era tornato a Vienna , finalmente mio marito dirigeva il governo a modo suo in tutto e per tutto. La qual cosa ovviamente comportava una mole di lavoro sempre più imponente e sempre più sere passate a tavolino alla luce di una lampada schermata di seta verde per non affaticare troppo la vista. E lunghe sedute con i consiglieri, spesso punteggiate da aspri conflitti; talvolta successi esaltanti talaltra sconfitte che imponevano di rivedere le leggi e di riprovare. " Provando e riprovando" era il motto di una celebre accademia fiorentina e Leopoldo pareva averlo fatto suo. Finché non era soddisfatto dei risultati ottenuti continuava, testardo, a limare, cambiare, rivedere i provvedimenti senza mai cedere. I suoi viaggi erano incessanti e talvolta avevo l'opportunità di fargli compagnia, la qual cosa era per me una gran fatica, ma anche un onore ed un piacere immensi. Le riforme si susseguivano a ritmo incalzante. Un anno seguiva all'altro, con il sole e la pioggia, le tempeste e il sereno; un figlio seguiva l'altro, accrescendo la famiglia di gioie e di preoccupazioni. Leopoldo era davvero un padre meraviglioso, capace di giocare ancora come un bambino, di diventare complice di qualche strappo alla regola fcrrca delle lezioni per divertirsi nel laboratorio di chimica con i suoi figli.

Avevamo deciso di educarli ad essere

semplici e schietti, a non ritenersi mai al di sopra di tutti. Come diceva sempre Leopoldo " I principi devono essere prima di tutto convinti della uguaglianza di tutti gli uomini e che anch'essi sono uomini e solo l'approvazione degli altri li fa essere ciò che sono."

E lui era così, sinceramente. Odiava chi si riteneva depositario di privilegi acquisiti non per meriti personali, ma per ereditarietà. Se era convinto di qualcosa non si tirava mai indietro a nessun costo.

Quando cominciò a metter mano alle riforme ecclesiastiche, entrando in aperto contrasto con la corte di Roma soffrì indicibilmente come cristiano, ma tenne duro come sovrano. Ricordo che una volta, durante la settimana santa, proprio nel pieno della bufera suscitata dalle sue leggi sul diritto d'asilo, accusato di essere nemico del papa, pianse amare lacrime al momento di ricevere l'eucaristia . Tuttavia andò avanti senza tentennamenti.

Un anno terribile fu il '74, un anno che mise a dura prova la stessa salute mentale di mio marito. Cominciò con uno scandalo che coinvolse l'ambasciatore toscano a Roma, continuò con la morte del re di Francia, Luigi XV, a cui successero Luigi XVI e Maria Antonietta, di cui Leopoldo diceva che era tanto graziosa quanto leggera e impreparata al gravoso compito che l'attendeva. L'ultima volta che Leopoldo aveva visto la sorella questa aveva poco più di nove anni e di lei non ricordava che le birichinate infantili. Ora era regina di un grande regno, disastrato dal punto di vista sociale e finanziario. Lui, Giuseppe e l'imperatrice erano molto preoccupati per la situazione francese. I libri e le riviste che arrivavano regolarmente da Parigi erano carichi di speranze per il cambio di sovrano, ma Leopoldo era per natura scettico e mi confessò più di una volta che le riforme tentate in quei primi anni in Francia non erano sufficienti, erano caotiche, senza idee chiare.

A Livorno intanto si stampava l'Enciclopedia, i bilanci toscani erano sotto stretto controllo per limitare il debito pubblico, cominciò ad essere sperimentata la riforma delle comunità, mentre fervevano i lavori pubblici, venivano aboliti dazi e gabelle ed il commercio libero portava ad un crescente sviluppo dell'agricoltura e del benessere pubblico.

Leopoldo era un pignolo ed era

diffidente per principio, ma non era affatto, come qualche avversario diceva, ossessionato da mania di persecuzione; era sensibile e appassionato, amava come me le cose belle e l'arte. Insieme avevamo fatto ristrutturare il giardino di Boboli e mi aveva dato carta bianca per abbellire la villa di Poggio Imperiale, dove amava stare quando si trovava a Firenze. Il suo assillo costante era però il benessere del suo popolo, lo posso testimoniare con forza, niente altro turbava i suoi sonni e i suoi pensieri quanto le condizioni di povertà e di miseria morale della sua gente.

In quel triste anno 1774, verso la fine di luglio morì il nostro piccolo Albrecht che aveva appena sette mesi. Si spense nel giro di qualche giorno, colpito da una febbre violenta, un'infezione improvvisa, che il medico non seppe decifrare, pur sostenendo che non era vaiolo. Del resto i nostri figli, come pure Leopoldo, erano stati sottoposti alla vaccinazione che in quegli anni veniva sperimentata negli stati asburgici.

Lo tenevo in braccio nonostante tutti insistessero a raccomandarmi di non farlo; avrei potuto ammalarmi anch'io e non era il caso, visto che portavo in grembo un'altra vita. Li respinsi con decisione e quasi con rabbia. Il dolore mi offuscava il cervello, perché da qualche parte del mio animo c'era la certezza istintiva della fine.

Non potevo lasciare solo il mio bambino mentre lottava con la morte, non potevo abbandonarlo al buio che stava per sopraffare i suoi piccoli occhi. Le sue manine calde e sudate mi stringevano forte, la sua testolina bionda aveva i capelli incollati dal sudore, nonostante la balia gli bagnasse continuamente la fronte con un panno intriso di acqua.

Lo cullavo cantandogli una nenia spagnola, lui ogni tanto si agitava per qualche minuto poi ripiombava nel sonno, che di ora in ora diventava sempre più simile alla morte.

Erano quasi venti ore che non dormivo e non mangiavo per stare con Albrecht.

Quando il piccolo era improvvisamente peggiorato avevo fatto avvertire subito Leopoldo, ma egli era giunto che il bimbo era già morto.

Mi trovò così, con il piccolo ancora stretto tra le braccia, mentre singhiozzavo come una pazza, la pettinatura sfatta, e continuavo a respingere chiunque volesse togliermelo.

Il volto di Leopoldo era bianco e

rigido, gli occhi asciutti, ma rossi per aver pianto in precedenza. Mi venne vicino e si fermò a guardare in silenzio per lunghi minuti il corpicino immobile.

Mi disse con voce afona : - Datemelo tra le braccia-

Scossi la testa , non lo avrei dato a nessuno, nemmeno a suo padre. Sapevo che me lo avrebbero tra poco portato via per sempre e volevo abbracciarlo fino all'ultimo. Guardare per l'ultima volta ogni particolare per non dimenticarlo più.

- Vi prego, datemelo. Voglio stringerlo per l'ultima volta.

Glielo consegnai. Lui nascose il viso tra le trine che ricoprivano il piccolo e rimase così per un tempo che a me parve eterno.

Poi senza una parola me lo restituì, mi baciò ed uscì dalla stanza.

Eravamo sconvolti e per giorni e giorni non facemmo che sederci in silenzio vicini, immobili nel lussureggiante giardino estivo. Io ero stata male, così tanto che mi ero dovuta mettere a letto per qualche giorno, lui non mangiava più ed era grigio in volto e apatico.

Poi, a poco a poco, la vita riprese il sopravvento.

Stavamo nei giardini dell'Imperiale, io ricamavo e Leopoldo leggeva. Vennero avanti di corsa i quattro bimbi più grandi, che ora, per mio desiderio, giocavano spesso insieme. Le loro voci acute ruppero il solito silenzio irreale che pareva essersi definitivamente instaurato tra me e mio marito.

Rincorrevano dei cerchi e, passando veloci accanto a noi, ridevano con i piccoli visi raggianti e arrossati.

- Guardate, papà, come sono veloce - gridò Francesco volgendosi verso

Leopoldo, mentre i fratelli cercavano di raggiungerlo.

Leopoldo alzò il volto dal libro e, quasi all'improvviso, si accese nei suoi occhi quella luce che sembrava spenta per sempre.

Sorrise , mormorando tra sé - Papà- come se in quella parola fosse racchiusa tutta la verità della sua vita ; poi si alzò e mi prese per mano costringendomi a lasciare il lavoro - Venite, seguiamoli - e, a passo svelto, mi trascinò nella direzione in cui erano spariti i nostri figli.

Quando li raggiungemmo io avevo il fiato grosso, Leopoldo pareva invece aver ritrovato tutta la sua energia: afferrò per la vita Maria Anna e la fece volare per aria. Lei strillò di piacere e rise con la sua vocina squillante; gli altri si affollarono allora intorno al padre reclamando la loro parte. Il più insistente era Ferdinando, che quanto a sete di coccole non era secondo a nessuno e , a mio parere, era il più simile, insieme a Carlo, a suo padre, così dolce e sensibile, pur senza le sue tendenze malinconiche.

Quando rimase Maria Teresa, lei si schermì :- Io no - disse- sono troppo grande.

Leopoldo la guardò con orgoglio :- Sei davvero saggia - osservò- e già consapevole del tuo ruolo. Ma - aggiunse poi ridendo - per una volta non ci sarà niente di male.

Lei venne quasi a nascondersi dietro di me.

- Lasciate fare- la difesi- se non vuole...

- Non vuoi davvero?- indagò lui

- No, papà- Ci pensò su un attimo - Mi piacerebbe, ma la mamma dice che sono ormai grande e questi sono giochi per i piccolini.

- Non ci pensare, per questa volta la mamma chiuderà un occhio, vero?

- Certamente - confermai.

Maria Teresa, che non aspettava altro, saltò fuori con l'agilità di uno scoiattolo dal suo temporaneo nascondiglio, e tese le braccia a suo padre con un sorriso che non lasciava dubbi sulla sua felicità.

Leopoldo l'afferrò per la vita e la sollevò come aveva fatto con gli altri, poi la posò a terra, l'afferrò per le braccia e la fece girare intorno a sé come una trottola.

Maria Teresa, che di solito era riservata e molto silenziosa, strillava e rideva come non aveva mai fatto prima. Era al settimo cielo.

Poi toccò ancora agli altri, Leopoldo non si stancava di giocare con loro e di inventare nuovi divertimenti, coinvolgendo alla fine anche me. Furono le due ore più spensierate e felici che avessi vissuto da molto tempo a quella parte.

Alla fine dell'anno, giusto qualche giorno prima di Natale, nacque Massimiliano ed io dissi a Leopoldo quando venne a vederlo :- Il Signore toglie il Signore dà. Vedete, al posto di Albrecht che se ne è volato in cielo ci è stato donato quest'altro piccolo. Sono certa che è un segno, per dirci che il nostro piccolo angelo non ci dimentica. - Immagino che abbiate ragione, anche se penso che il vuoto lasciato da un figlio non potrà mai essere colmato nel mio cuore.
Leopoldo era così sensibile che spesso mi meravigliava. Quando mi raccontava ciò che nei suoi lunghi e

frequenti viaggi aveva visto, mi chiedevo da dove gli venisse quella straordinaria capacità di "capire" la gente, di entrare in reale e profondo contatto con i sentimenti e le aspettative, i bisogni e le sofferenze di persone tanto lontane da ogni punto di vista da lui, da noi. E io so che era sincero anche se i suoi nemici dicevano che era solamente un atteggiamento politico, un modo come un altro per dar fumo negli occhi, accattivarsi le simpatie della gente per governare da sovrano assoluto con più facilità. Io non sapevo, non so, nulla di politica, ma so che mio marito non era capace di falsità con nessuno. Era diretto e chiaro. Non era abituato a mentire. Questo a volte lo metteva in netto contrasto con i suoi ministri, ma soprattutto con sua madre e suo fratello Giuseppe a cui non poteva opporsi oltre certi limiti. Di sua madre era geloso come un bambino e non si capacitava, neppure dopo tanti anni, perché lei preferisse altri fratelli e sorelle a lui, che pure cercava di compiacerla in tutto.

-Mia madre - si lamentava qualche volta - non si fida di me perché non so starle dietro a seccarla tutto il giorno con mille attenzioni e fichi.

Al fratello imperatore rimproverava molte scelte e decisioni politiche, frutto a volte di scarsa riflessione e, soprattutto, non gli andava giù che mettesse il naso nell'educazione dei nostri figli, che egli seguiva personalmente con scrupolo e passione. Si oppose per quanto poté, ma alla fine dovette acconsentire a che Francesco andasse a Vienna per completare la sua formazione di futuro sovrano.

Giuseppe voleva anche Ferdinando alla corte imperiale, ma Leopoldo sapeva che io sarei stata molto infelice senza di lui, così dolce e amorevole, e che il bambino, lontano dal clima sereno e caldo di Firenze, si sarebbe rinchiuso in se stesso, immalinconendosi senza rimedio. Perciò combatté con tutte le armi possibili, dirette e indirette, per ottenere che Ferdinando restasse con noi, anche perché voleva assolutamente che egli diventasse suo erede nel granducato. Io gli fui sempre grata per queste sue battaglie, combattute anche per me.

Del resto non era difficile amare Leopoldo anche quando il dolore che mi causava il suo comportamento galante era così profondo che avrei voluto odiarlo. Anche se, mantenendo fede al giuramento fatto a Napoli, non ero più tornata sull'argomento tradimenti, questo non significava che fossi cieca e sorda. Sapevo che Leopoldo era perennemente alla ricerca di quell'amore appassionato e perfetto che gli sfuggiva; forse era innamorato più dell'amore che di donne reali. Difatti le sue passioni non duravano mai a lungo e, del resto, non gli impedivano di venire a cercare la mia compagnia o di dormire con me. Lui sapeva che io non ignoravo e, specialmente quando un'avventura amorosa finiva, faceva di tutto per farsi perdonare.

Ci furono però almeno due occasioni che mi fecero dubitare per lungo tempo di averlo perso per sempre. La prima fu quando il suo primo (forse unico?) amore venne in Toscana ; per godere del clima mite dell'inverno italiano, per curarsi da una forma abbastanza seria di infezione polmonare la contessa

Erdody si stabilì per lunghi periodi tra Pisa e Firenze ed affittò addirittura una villa verso Fiesole.

Ella era allora sposata da circa nove anni e aveva 4 figli, eppure io credo che Leopoldo la vedesse sempre con gli occhi dei suoi sedici anni. Sicuramente lei era ancora molto bella e brillante e le lingue pettegole di Firenze trovarono abbondante materiale ghiotto su cui giocare e ricamare. La incontrai solo una volta in occasione di un ballo ufficiale e, in seguito, con molte abili scuse, evitai accuratamente ogni possibile occasione di trovarmi faccia a faccia con lei.

Ricordo lo sguardo di Leopoldo quando me la presentò: il mio cuore si fermò tanto a lungo che temetti (o forse sperai) non riuscisse più a riprendere il suo battito normale.

Non aveva avuto dunque torto mia suocera a tenermi lontana da quell'incontro tanti anni prima.

Nonostante le eroiche affermazioni contrarie di Leopoldo, io ne sarei uscita annientata. Anche allora non era andata molto meglio; avevo sorriso, radunando ogni possibile briciola del mio spirito, ridotto d'un tratto a brandelli, perché un conto era confrontarsi con un fantasma lontano e un conto trovarselo di fronte in carne e ossa (e bellezza), mi ero comportata come per anni e anni mi era stato insegnato - Educazione, gentilezza ad ogni costo, controllo, altezza, controllo; dovete essere superiore ad ogni altra, voi siete un'infanta di Spagna, figlia e sorella di re, sarete arciduchessa d'Austria e principessa reale e granduchessa. Non sono molte le donne che possono starvi alla pari -

e, tuttavia, mi sentii nascere dentro un odio incoercibile, come una qualsiasi donna che vede suo marito sorridere ad un'altra quasi che il suo cuore abbia contemplato il paradiso.

Non dissi nulla a Leopoldo quando alla sera venne nei miei appartamenti, pregandolo unicamente di lasciarmi sola perché ero molto stanca.

- Immagino - disse lui con dolcezza - che siate provata, ma vi prego di credere che non ne avete motivo.

- Non vi ho chiesto nulla, non voglio nessun tipo di giustificazione . Non inoltratevi per strade pericolose.

- Perché non dovrei? Sapete che...

- Vi supplico, lasciate perdere, è meglio.

Lui mi guardò e nei suoi occhi c'erano molti sentimenti, più o meno rassicuranti per me, tranne uno. E, tra tutti, non riuscivano a cancellare quel sorriso che aveva avuto per lei e non per me.

- Altezza - gli dissi - vi ringrazio per tutta la buona volontà che mettete nel vostro lodevole sforzo di convincermi (o convincere voi stesso) del vostro affetto e non voglio tediarvi con quelle che una volta definiste femminili debolezze sentimentali. Non è da me che vi verranno domande importune. Perciò vi prego di esaudire almeno la mia richiesta di qualche momento di solitudine. Ho bisogno di stare sola con me stessa, stanotte.

- Come volete, non posso negarvi nulla.

Avrei voluto gridare che mi stava negando proprio l'unica cosa che desideravo, quello sguardo che mai aveva avuto per me.

E fu allora, quando meno me l'aspettavo, che Leopoldo mi stupì una volta di più: prima di uscire si volse verso di me ed ebbe un sorriso di irresistibile dolcezza.

Io voltai la testa e finsi di essere del tutto disinteressata a lui. Speravo di ferirlo almeno un po'.

Il giorno dopo lui doveva partire per un viaggio di ispezione verso il Chianti e contavo di avere qualche giorno a disposizione per riprendere il pieno controllo delle mie emozioni . Al mattino presto sentii bussare leggermente alla porta e subito dopo, nonostante non avessi risposto, qualcuno entrò nella mia camera: vidi con meraviglia e un pizzico di dispetto Leopoldo, già in tenuta da viaggio; aveva in mano qualcosa e mi venne vicino.

- Non oso disturbarvi più a lungo, imponendovi la mia presenza, che in questo momento non vi è particolarmente gradita. Volevo soltanto lasciarvi questo piccolo ricordo, così che possiate riflettere in questi giorni in cui sarete sola su ciò a cui vi ostinate a non credere.

- Non lo voglio, altezza.

- Non siate cocciuta.

Mise un piccolo involucro di pelle nella mia mano, chiudendo poi quest'ultima su di esso.

- Riprendetevelo, vi prego.

- No, signora, è vostro. Se volete gettarlo, fate pure, ma non prima di avergli dato almeno un'occhiata.

E , senza darmi tempo di ribattere, se ne andò alla svelta.

Mi alzai e andai nella stanza vicina, le cui finestre davano sul cortile interno delle carrozzc. Lo vidi salire sulla vettura insieme con Thurn e il conte Goes. Notai che prima di accomodarsi all'interno alzò per un momento la testa verso le finestre del mio appartamento. Mi ritrassi, ma non ero certa che lui non mi avesse scorto. Allora aprii la mano e osservai l'involucro che lui vi aveva posto. Dentro l'astuccio c'era il disegno della chiesa in cui ci eravamo sposati e in cui lui aveva lasciato per sempre i suoi sogni di ragazzo timido, orgoglioso, innamorato e solo. Cosa aveva voluto dirmi? Non ero sicura del messaggio anche se potevo intuirlo. Tuttavia decisi di restituirglielo. Più tardi mi recai nelle sue stanze e chiesi ad uno dei domestici personali di aprirmi lo studio privato vicino alla camera. Chiesi di rimanere sola :- Vi chiamerò io quando avrò fatto.

Lui mi guardò stupito, ma ovviamente obbedì. Posai l'astuccio sul tavolino, sopra un mucchio di altre carte, alcune delle quali sembravano essere state scritte di recente.

Detti un'occhiata distratta in giro. Vicino ad un fascio di fogli legati con un nastro di cuoio notai una vecchia lettera fuori posto. Curiosa la lessi e, appena dopo poche righe, capii di cosa si trattava: era la lettera con cui la sorella Cristina aveva annunciato a Leopoldo il fidanzamento della contessa Erdody. Accanto lui aveva annotato, con la sua solita pignoleria: ho rivisto la contessa, è sempre molto affascinante, proprio come la ricordavo nei miei sogni. C'erano altre note ancora, ma non avevo bisogno di leggerle per immaginare cosa potevano dire.

Me ne andai in punta di piedi.

Avrei voluto avere tempo e modo di riflettere su ciò che era accaduto, nel mio mondo che pareva sfasciarsi d'un tratto, così all'improvviso, così definitivamente che non c'era possibilità di appello.

Invece avevo molti impegni da assolvere e non ebbi un attimo solo per me.

Leopoldo tornò 4 giorni dopo. Era stanco e un po' nervoso, si chiuse nello studio e poi nelle stanze della segreteria di stato con i suoi consiglieri. Lo vidi solo di sfuggita e l'incontro non fu particolarmente cordiale.

Non mi disse nulla del disegno che mi aveva regalato e che certamente aveva ritrovato nel suo studio.

Sapevo che nei salotti si chiacchierava parecchio della sua passione per la contessa e questo mi faceva star male più del solito, perché stavolta avevo le prove che non erano solo pettegolezzi maligni.

Mi rifugiai nelle mie letture di storia, che mi davano sempre un certo sollievo, misto però ad una indefinibile tristezza, legata al senso delle cose che passano e muoiono inesorabilmente.

Per molti e molti mesi le cose si trascinarono in qualche modo, i soliti impegni ufficiali, le feste (a cui cercavo qualche volta di sottrarmi , se appena era possibile, con conseguenti sguardi furenti di Leopoldo), qualche viaggio. Tutto senza eccessivo entusiasmo da parte mia. Mi chiudevo ogni giorno di più in me stessa, limitando i rapporti con mio marito al minimo indispensabile.

Capitolo 10

Gli incontri con i fratelli e le sorelle di Leopoldo erano frequenti, essi spesso venivano a Firenze e altrettanto spesso li incontravamo durante i nostri spostamenti verso Vienna. C'era un rapporto contraddittorio tra di loro, si cercavano e si scrivevano con continuità, ma poi erano gelosi e critici l'uno dell'altro e tutto sommato non mi pareva che si amassero così tanto come potevano far intendere le loro lettere cortesi. Erano tanti e ognuno in competizione con tutti gli altri per accaparrarsi le grazie della madre, che certo li amava molto, ma aveva anche indubbiamente le sue preferenze, legate alla diversità dei caratteri : con Giuseppe erano scontri continui, dovuti credo al fatto che l'imperatore aveva lo stesso suo carattere autoritario e impulsivo, con Maria Cristina aveva invece un rapporto fatto di complicità femminile, di amicizia, di tenero affetto. Era l'unica figlia che aveva potuto liberamente scegliere lo sposo che amava e questo la diceva lunga anche sul carattere della mia augusta cognata. Il carattere di Leopoldo era troppo diverso da quello della madre e certo la sua, a volte estrema, introversione non facilitava la confidenza. Lui si sentiva poco amato, poco stimato da lei e ne soffriva da morire, lei forse sentiva di non poter avere accesso ai più remoti sentimenti e pensieri del figlio ed assumeva di conseguenza un atteggiamento poco tenero e molto severo.

Anche Leopoldo era in perenne contrasto con Giuseppe ed aveva invece un discreto rapporto con Maria

Carolina e soprattutto con Maria Cristina. Quest'ultima venne a Firenze con il marito Alberto (un carattere allegro ed esuberante che bastava da solo a rendere vivace la serata più noiosa) nel '76 . Rimase nostra ospite per qualche giorno ed in quel periodo tra noi si stabilì un rapporto abbastanza amichevole . Una volta i nostri discorsi caddero, come spesso accade tra donne, sulla moda e lei mi chiese come mai non mi truccassi affatto. Le risposi che non l'avevo mai fatto volentieri e non mi sembrava il caso di cominciare ora. Tuttavia le chiesi : - Pensate che farei bene?

- Be' potreste provare, dopo tutto non siete ancora vecchia e il vostro viso è grazioso ; un trucco ben fatto può compiere miracoli-

- E credete che così piacerei di più a vostro fratello?

Eravamo nel pieno della crisi legata ai rinnovati rapporti tra Leopoldo e la contessa Erdody e le parole di mia cognata d'un tratto mi avevano fatto balenare davanti agli occhi una possibile strategia di riconquista.

- Per la verità non lo so; del resto lui una volta mi scrisse che gli piacevate anche per la vostra semplicità... ma perché mi fate questa domanda? C'è qualcosa che non va tra di voi?

- No - mentii

- Ah, ne sono felice- rifletté un momento e poi aggiunse - Leopoldo forse qualche volta si lascia trascinare da certe infatuazioni da ragazzino, ma vi assicuro che non può più fare a meno di voi. Dovreste essere fiera per come siete riuscita a conquistarlo. Non è facile con un carattere difficile come il suo-

Non risposi , ma pensai che

evidentemente lei sapeva molte più cose di quelle che poteva e voleva dire e taceva solo per cortesia o per non darmi un dispiacere.

Maria Cristina e Alberto erano davvero due tipi singolari e sapevano rendersi simpatici con facilità. Il loro era un matrimonio felice, anche se la loro unica figlia era morta al momento della nascita e non ne erano poi venuti altri. Con i nostri bambini avevano instaurato subito degli ottimi rapporti ed in particolare Carlo era il loro beniamino. Maria Cristina si interessava alla vita dei nostri figli ed al nostro sistema educativo e non faceva che tessere elogi per come eravamo riusciti a tirar su una prole così numerosa senza che nessuno di essi si sentisse escluso dal nostro affetto e dalle nostre attenzioni. Parlando della sua infanzia, altrettanto ricca di fratelli e sorelle, rimpiangeva di non avere mai avuto con essi dei rapporti così sereni e gioiosi come quelli che intercorrevano tra i nostri figli.

- Per questo- le dissi un giorno- Leopoldo è un padre meraviglioso e attento ad ogni minima cosa.

-Immagino, ma anche voi siete ammirevole; non so come facciate ad avere tanta energia nonostante tutti questi parti ravvicinati.

- Credo che sia perché la maternità mi dà delle sensazioni meravigliose. Ogni bimbo che nasce è un tal dono di Dio!

- Allora è segno che Dio vi vuole molto bene ; a me ha negato questa felicità.

- Ma vi ha dato uno sposo attento e amorevole.

- A voi no?- chiese lei

- Sì, certo.

-Adesso state mentendo e immagino anche perché; le chiacchiere arrivano dappertutto di questi tempi. Tuttavia credo di potervi assicurare che vi sbagliate . Non siate precipitosa nei giudizi , Leopoldo vi vuole bene sinceramente, ne sono certa.

La guardai con un sorriso rassicurante, mentre il mio cuore era attraversato da un brivido di sofferenza.

Nel '76 facemmo di nuovo un viaggio a Vienna.

Fu durante uno di questi lunghi spostamenti che Leopoldo approfittò della forzata vicinanza per costringermi a confessare il mio disappunto e il mio disagio, provocati dalla ripresa dei suoi rapporti con la contessa. Di solito era bravissimo nel tirarti fuori quello che non avresti voluto lasciarti sfuggire ed anche questa volta ci riuscì in pieno. Abboccai ingenuamente e mi sfogai senza nascondere niente.

- Dunque avete voluto allontanarmi da voi, nonostante tutto. Siete più felice ora?

Lo guardai incredula - Vi piace giocare come il gatto con il topo, altezza? Non sono io che ho scelto di allontanarmi, l'avete voluto voi.

- Come al solito i pettegolezzi girano a tutto spiano e arrivano puntuali alle vostre orecchie. Stavolta immagino vi abbiano quasi soffocato tanti ce ne sono stati. E tutti assolutamente falsi.

Arrossii .

- Siete diventato tanto spudorato da mentire con simile disinvoltura? O credete che debba essere anche stupida oltre che cieca e sorda?

- Nessuna di queste cose, sapete bene

che non vi ritengo una sciocca.

- I miei occhi sanno vedere molto bene ancora.

- Che cosa? Sentiamo: che cosa avete visto?

- I vostri sorrisi... i vostri sguardi...

- Fantasie - tagliò corto lui

- Ammettiamolo pure, fantasie di un cuore che è oscurato dalla gelosia; ma non è immaginazione ciò che ho letto nel vostro studio.

- Quando vi siete disfatta del mio dono, non è così? Avete curiosato un po' e avete visto o letto qualcosa che vi ha convinto della mia cattiva fede, del mio ennesimo tradimento. Posso sapere che cosa?

- Un vostro appunto su di una vecchia lettera.

Leopoldo si incupì - Vi siete messa anche a frugare tra le mie carte?

- No, quella era fuori posto, aperta su

di un tavolino.

- La lettera di mia sorella Cristina? Sì, ricordo, l'avevo tirata fuori e vi avevo fatto delle note a margine. E' questo, vero, quello a cui alludete?

- Sì.

- E secondo voi è una prova della mia infedeltà? La contessa è ammalata, seriamente ammalata ed è venuta in Toscana per curarsi. E' felicemente sposata, non cerca avventure e , anche se fosse, sono io che non le cerco.

- Non voglio ascoltarvi.

- Invece lo farete. Voi avete letto solamente quattro righe, che parlavano di un sogno giovanile e subito mi avete condannato senza appello. Sono mesi che mi sfuggite, che siete fredda e distante.

- Che cosa dovrei fare? Sono stanca di combattere. Forse ho sbagliato fin dall'inizio ad illudermi di potervi conquistare; ho pagato a caro prezzo le mie illusioni; ora non me la sento più. Ho deciso di arrendermi.

Girai la testa, distogliendo lo sguardo da lui.

Leopoldo tirò fuori da una tasca quella maledetta lettera.

- Immaginavo che questa fosse la causa di tutto così me la sono portata dietro. Ora vi chiedo di leggere tutte le note e non solo le prime righe.

Io tacevo e lui insistette : - Su, leggete.

Scossi la testa. Leopoldo mi chiuse una mano tra le sue - Per favore.

Visto che io continuavo ostinatamente a non dargli retta, sospirò :   - Va bene, lo farò io. Vedete: ecco le righe che avete letto voi - e mi indicò con l'indice la nota sul margine alto del foglio - ma poi ce ne sono altre qui. Non le avevate viste?

- Non c'erano, le avete aggiunte

apposta per l'occasione, suppongo.

- No, ve lo giuro. Sforzatevi di ricordare.

Era vero, pensandoci bene, c'erano, anche se io, accecata dal rancore e dalla gelosia, non le avevo neppure guardate.

- Può darsi - ammisi - e cosa cambia?

- Non lo so, però questo è il testo completo e se volete condannarmi dovete farlo solo dopo averlo letto tutto.

Lessi le righe che seguivano a quelle che avevo già visto " Ora però non ho più bisogno di correre dietro a quel sogno. Mia moglie è la mia amica, la mia ricreazione, la mia compagnia di ogni ora, il mio conforto. Credo che nessun uomo possa desidcrarc di più".

Alzai lo sguardo su di lui e avevo le lacrime agli occhi.

- Scusatemi – mormorai.

- Sono io che vi chiedo perdono. Vi ho fatto soffrire molte volte e questa più delle altre. Ho cercato di parlarvi in questi ultimi mesi, ma voi mi sfuggivate ed il mio orgoglio non voleva cedere del tutto .

- Non avevo capito il senso del vostro regalo, mi dispiace.

- Era un disegno che mi aveva inviato mia sorella Cristina e pensavo che vi sarebbe piaciuto averlo per ricordo. La mia vita è cambiata davvero e in molti modi, tutti estremamente piacevoli, dal giorno in cui vi accolsi sulla porta di quella chiesa.

- Avevo frainteso – ammisi.

- Non parliamone più. Posso considerarmi assolto?

- Dubitate che io possa resistervi?

- No, signora. Allora baciatemi.

Durante quel viaggio conobbi il conte

Zinzendorf, governatore di Trieste, che Leopoldo stimava moltissimo sia per l'affinità delle loro idee filosofiche sia per le conoscenze e le abilità economiche e amministrative che il conte aveva dimostrato. Mi colpì profondamente e non lo dimenticai facilmente.

Un paio di anni più tardi , di nuovo tornando da Vienna verso Firenze, ci fermammo per qualche giorno a Trieste, da dove ci dovevamo imbarcare verso le coste occidentali del mar Adriatico. Ero stata piuttosto male, come spesso mi accadeva all'inizio di ogni gravidanza, e, guardandomi allo specchio quella mattina, mi ero vista davvero invecchiata, così per tirarmi un po' su avevo scelto con maggior cura del solito l'abito ed avevo indossato una corta giacca di seta a righe del colore prediletto da Leopoldo, che avevo fatto cucire dalla mia sarta su un modello appena arrivato da Parigi. Il conte era un giovane uomo di bell'aspetto, affascinante quando parlava, osservatore acuto e attento ai dettagli, con cui Leopoldo discuteva volentieri di affari e di riforme, tenendo in gran conto le sue idee e che io trovavo simpatico, cortese e riservato nella giusta misura.

Quando scesi al mattino dalle mie stanze, Leopoldo mi dette un'occhiata curiosa e mi sussurrò all'orecchio :

-Volete conquistare qualche giovane cavaliere? Siete particolarmente affascinante con questo vestito.

- Non siate irriverente.

- Niente affatto, è quello che penso. State attenta però a non farmi ingelosire.

Forse non aveva pensato al peso di

quelle parole sul mio cuore, perché, quando mi vide trasalire leggermente, mi baciò cerimoniosamente la mano mormorando : - Scusate, ho detto forse una sciocchezza.

Aveva ricevuto in quei giorni il libro di un autore americano e ne parlò con il conte. Io ascoltavo attenta, cercando come al solito, di assorbire tutto quel che potevo per non far poi brutte figure quando fosse giunto il momento delle discussioni con gli amici e i collaboratori.

Ad un certo punto chiesi a mio marito di prestarmi per un po' quel volume, volevo dargli un'occhiata anch'io. Mentre ne leggevo con interesse non dissimulato le prime pagine, Leopoldo mi prese amabilmente in giro - Se volete -mi disse- vi darò qualche lezione supplementare mentre siamo a bordo.

Rideva con quel suo riso sommesso, che trasformava il suo volto severo e lo rendeva irresistibilmente simpatico.

Io feci finta di tirargli il libro che avevo in mano e lui si scansò, alzando le mani in segno di resa.

Notai un lampo di stupore negli occhi del conte, subito sostituito da uno sguardo amichevole.

- Non vi meravigliate, conte – esclamò Leopoldo - la granduchessa ed io scherziamo spesso, non ci piacciono molto i formalismi dell'etichetta.

Il conte sorrise, sollevato, e si inchinò verso di me - Avete tutta la mia ammirazione, principessa , le parole di sua altezza reale vi fanno onore e quanto a me, se mi è permesso …

- Avanti - lo incoraggiò Leopoldo -vi ho detto che non amo le inutili formalità.

- Sono davvero lieto di aver conosciuto

una signora tanto affascinante.

Io sorrisi, lusingata , e gli porsi la mano da baciare :- Vi ringrazio, signor conte, anch'io sono felice di aver conosciuto una persona di talento come voi .

Leopoldo intercettò abilmente il mio sguardo, facendomi segno di non andare oltre per non mettere in imbarazzo il conte

-Spero di rivedervi presto, magari a Firenze.

-Servo vostro, signora.

Mentre salivamo a bordo, Leopoldo, quasi casualmente disse   - Avete fatto una conquista. E di un uomo eccellente. Complimenti .

- Evidentemente , forse potrei scoprire di avere un fascino nascosto e irresistibile.

Leopoldo borbottò: - State attenta però, quel fascino mi appartiene di diritto.

- Avete ragione, ma anch'io potrei dire la stessa cosa del vostro.

Capitolo 11

In verità il suo fascino era irresistibile e non per me soltanto, anche se con molte differenti sfumature a seconda che si trattasse di collaboratori, di amici, di donne. O di me.

Credo di non peccare di presunzione dicendo che nessuno conosceva il suo cuore quanto me, che gli vivevo al fianco da anni, di giorno e di notte, nella buona e nella cattiva sorte, nella salute e nella malattia. Ogni giorno che passava sotto i cieli di Firenze di più mi rendevo conto della ricchezza del suo spirito, della profondità delle sue idee, talvolta così audaci da lasciare perplessi i suoi stessi più aperti consiglieri e da suscitare al contrario ammirazione nei circoli intellettuali francesi ed europei. Molte erano le persone che avrebbero dato la vita se lui glielo avesse chiesto, altrettante quelle che gli si opponevano fermamente con ogni mezzo pur di ostacolare le riforme che stavano cambiando il panorama politico, sociale, economico, culturale del nostro piccolo granducato.

In quegli anni tra il '76 e il '78 Leopoldo seguiva con particolare interesse la Rivoluzione delle colonie inglesi d'America. Era da tempo in contatto con il signor Jefferson e il signor Franklin attraverso il signor Mazzei, un toscano a cui aveva dato aiuto per recarsi in quelle terre lontane ed il permesso di esportare alcune piante di vite per vari esperimenti di coltura, e mi parlava spesso, nelle fredde sere d'inverno quando ce ne stavamo intorno ai camini ed i nostri figli giocavano e chiacchieravano intorno a noi, facendo un brusio delizioso, delle strabilianti idee che venivano fuori da quelle magnifiche teste. E qualche volta oltre alle idee venivano fuori delle cose che a me sembravano solo curiose ed entusiasmavano invece Leopoldo, il cui amore per la scienza e la tecnologia in ogni loro forma non si esauriva mai. Fu così che una volta mi fece vedere il progetto di uno strumento che si chiamava parafulmine, inventato dal signor Franklin, e tentò di spiegarmi a cosa servisse (cosa che non riuscii affatto a capire) e dichiarò che l'avrebbe provato sul castello di Poppi e sulla torre comunale di Siena ed un'altra volta quello di certe stufe, che, a suo dire, erano stupende e adatte per i nostri palazzi fiorentini così freddi d'inverno.

Mi ricordo che esclamai : -

Straordinario, no? questo vostro signor Franklin. E di quali altre idee geniali è padre?-

Leopoldo mi guardò un po' imbronciato, ma poi la sua voglia di spiegare prese come al solito il sopravvento e cominciò ad enumerarmi tutte le invenzioni di quel gentiluomo, ma anche le sue rivoluzionarie idee politiche.

- Sto pensando di dare una costituzione alla Toscana sul modello di quella della Virginia - concluse.

Lo guardai sbigottita : mi aveva naturalmente fatto leggere i libri americani che gli arrivavano da Parigi e conoscevo quella dichiarazione, che mi aveva puntigliosamente illustrato punto per punto.

- Che ne penseranno vostra madre o vostro fratello?

- Per ora non ne sapranno nulla.

Vedremo quando tutto sarà pronto. Credo che ci vorranno anni di lavoro. Non è affatto una cosa semplice ; ne comincerò per intanto a discutere con il consigliere Gianni.

Il quale cominciò subito a metter le mani avanti, esponendo senza remore le difficoltà enormi secondo lui insite nel progetto granducale.

Leopoldo imperterrito andò avanti e preparò una prima bozza, che sottopose al senatore. Tra dibattiti, correzioni, riscritture, litigi accesi e ancora riflessioni e nuove stesure la cosa si prolungò per qualche anno.

Alla fine fu pronta la versione definitiva che, come sempre, Leopoldo mi spiegò con infinita pazienza. Io mi perdevo talvolta nei meandri dei suoi ragionamenti e lui ricominciava a spiegare e a chiarire. Alla fine mi aveva contagiato talmente con i suoi entusiasmi che osservai :- Credo che tutti dovrebbero esserivi grati per questa cosa, nobili e popolo. Anche vostro fratello sarà fiero di voi e magari vi imiterà-

Lui scoppiò a ridere - Siete una saggia signora e madre eppure ancora ingenua in certe cose come una bambina! Mio fratello si opporrà strenuamente e ha ragione il senatore Gianni quando dice che ci sarà da combattere parecchio per farla entrare nella testa della gente. Dobbiamo perfezionare molte riforme e abituare il popolo a prendersi a cuore la cosa pubblica. No, non sarà facile, ma andremo avanti. Io ci credo.

- Se potessi, altezza, vi aiuterei volentieri.

- Lo fate già, ogni giorno, ascoltandomi senza spazientirvi. Il vostro entusiasmo ora poi mi inorgoglisce.

- Vorrei poter fare di più. Ah, se non fossi una semplice donna!

Leopoldo mi guardò con dolcezza : - Vi assicuro che la sola vostra vicinanza è un balsamo per la mia mente affaticata e per le mie preoccupazioni. Spero solo che non vi stanchiate prima o poi di seguirmi sulla mia strada.

- Oh no! Come potrei? Voi avete conquistato il mio cuore tanto tempo fa e continuate a tenere la mia anima tra le vostre mani, prigioniera come in una torre d'avorio.

- Signora, non siete cambiata affatto in tutti questi anni; siete ancora la giovane sposa poetica, che mi parlava del mare e del cielo trapunto d'oro.

Arrossii

- Se confronto i miei pensieri con i vostri , così difficili, mi sento molto sciocca.

- Non dovete, non lo siete affatto. Ed io vorrei invece avere quella vostra sensibilità per le cose belle, per la poesia, che vi rende unica ai miei occhi.

La contessa Erdody morì nel '77 e Leopoldo la pianse con profondo dolore : i sogni della sua adolescenza e della sua giovinezza erano tramontati definitivamente ed egli, alla soglia dei trenta anni, entrò decisamente in una più matura ottica politica e amministrativa. Si immerse quasi con furia nel lavoro, che divenne ancor più frenetico.

Nel '78 morì un altro dei nostri bambini, Massimiliano, che aveva quasi quattro anni. Se lo portò via la solita febbre maligna che anni prima aveva ucciso Albrecht. Lo stesso anno, notai con angosciato orrore, in cui era nato Massimiliano. Quel maledetto '74 ci perseguitava ancora. Rivissi il dolore di quella perdita, che si era quasi sopito nel mio animo, e l'aggiunsi a questo, se possibile peggiore poiché il mio bimbo era già grandicello e parlava come un ometto e giocava nelle mie stanze o nelle sale con gli altri fratelli ed era allegro e fiero e qualche volta persino birichino ; curioso , non faceva che porre a tutti i suoi perché e voleva che gli raccontassi mille storie. Suo padre qualche volta rimproverava lui e me per tutte quelle fantasie che coltivavo nel suo animo, dicendo che era assolutamente contrario a quel tipo di insegnamenti, ma poi cedeva alle suppliche di entrambi e ci lasciava fare, forse tutto sommato contento che il bimbo mi somigliasse.

Quando Massimiliano si ammalò sembrava cosa da poco, una febbre leggera dovuta forse ad una infreddatura in quell'aprile dal clima altalenante tra caldi improvvisi e bruschi cali di temperatura. Tuttavia non si riusciva a fargliela passare.

Una notte mi svegliai di soprassalto in preda ad un tetro presentimento e volli andare nelle stanze dei bambini a controllare. Trovai che Massimiliano dormiva, guardato costantemente con amore da una delle sue governanti.

- Sta bene?- chiesi

- Sembra di sì, altezza, è calmo e non brucia.

Gli toccai la fronte, appena calda, e avvertii un brivido acuto attraversarmi il cervello.

- Vi prego, non lasciatelo neppure un minuto, ho timore che possa succedergli qualcosa.

- Non abbiate paura, altezza, andate pure a riposare tranquilla.

- Ma al minimo cambiamento avvertitemi immediatamente, a qualsiasi ora.

- Sarà fatto come volete.

Tornai nelle mie stanze, quasi stravolta dall'angoscia, perché avevo avvertito la morte aleggiare nell'aria.

Al mattino presto ero di nuovo vicino a lui e , nonostante niente fosse apparentemente cambiato dalla notte o dal giorno prima, non mi mossi più rifiutando di lasciarlo solo con le tate.

Trascorsi un paio di giorni in quella camera, che un tempo mi sembrava accogliente e gioiosa ed ora mi dava un invincibile senso di soffocamento, continuando a cullarlo, a parlargli sebbene Massimiliano non desse segno di capire e continuasse a dormire in continuazione.

Poi, verso la tarda mattinata del 9 maggio, si svegliò per qualche minuto, guardandomi con i suoi occhi chiari, che avevano perso la vivacità abituale, e mi chiamò. Io per qualche attimo sperai che la crisi fosse passata; lo sollevai tra le braccia, sentendolo leggero come uno scricciolo, e lui disse ancora – mamma- con una voce che sembrava il respiro del vento notturno. Morì. Non so come feci a non mettermi a urlare, impazzita dal dolore che lacerava ogni fibra del corpo e dell' anima. Rimasi immobile, rigida, come se anche la mia vita se ne fosse volata via.

La governante cercò di togliermelo ed io la respinsi con furia; lei dovette pensare che stessi andando fuori di testa e probabilmente aveva ragione.

Mormorò :- Altezza, rimettetelo nel

suo letto, lasciate che riposi in pace, piccolo angelo.

Obbedii come un automa e solo allora, quando lo vidi dormire sereno , più bianco delle lenzuola ancora impregnate del suo odore di bambino, cominciai a piangere silenziosamente.

Dopo poco venne anche Leopoldo, che aveva lasciato in fretta e furia la sua solita riunione con i ministri. Mi abbracciò in silenzio e rimase con me a guardare a lungo il nostro piccolo che se ne era andato. Quindi si chinò a carezzargli per un'ultima volta i capelli e a baciargli la fronte. Fino a quando non venne il dottore per portarlo via non abbandonò mai la mia mano, anche lui immobile come una statua, reprimendo con ogni sforzo possibile i singhiozzi che gli salivano dal cuore ferito.

Io non avevo più voglia di niente e ,

nonostante le mie dame e mio marito insistessero perché mi distraessi un po', respingevo ogni proposta. L'unica cosa che riusciva a smuovermi dal mio torpore erano gli impegni giornalieri con gli altri bambini. I più grandi sentirono profondamente la perdita del fratellino; Francesco, Ferdinando e Carlo vollero accompagnare la piccola bara in chiesa insieme al padre, Maria Teresa mi rimase vicino con la saggezza di una piccola donna ed io a poco a poco riuscii a venirne fuori anche stavolta.

A giugno Leopoldo mi propose di accompagnarlo in uno dei suoi periodici viaggi. Il primo impulso fu di rifiutare, poi mi lasciai convincere dalla sua insistenza e lo seguii.

Andammo verso Vallombrosa e poi su e giù per tutto il Casentino. Visitammo piccoli paesi e castelli arroccati tra le montagne e i magnifici boschi, chiesette e santuari dove mi fermai a pregare per i miei due angeli che se ne erano andati.

In una di queste comunità rurali, qualcuno raccontò a Leopoldo di un semplice prete che si intendeva di erbe medicinali e aiutava i poveri, e che per questo motivo aveva avuto dei grossi fastidi da parte delle autorità sia ecclesiastiche che civili.

Mio marito mi guardò interrogativo :- Pensate che potremmo andare a visitarlo?-

Annuii.

Così ci recammo , con l'unica compagnia del conte Goes, nella piccola chiesa di Badia a Tega per parlare con questo sacerdote.

La chiesa era minuscola, immersa nel verde di una natura prepotente, che in quel periodo ostentava orgogliosamente l'opulenza del fogliame degli alberi e la grazia dei fiori di campo. Un acuto odore di acacie e ginestre riempiva l'aria già calda. Leopoldo mi prese la mano guidandomi lungo il sentiero un po' sconnesso che conduceva alla porta della chiesa. Nessuno aveva avvisato il povero prete, che uscì dalla canonica quasi stravolto dall'imbarazzo e dalla gioia. Non sapeva che fare, evidentemente ignaro di ogni etichetta. Leopoldo gli porse la mano da baciare ed io feci altrettanto, quasi si fosse trattato di un alto prelato. L'innata sensibilità del sacerdote gli fece intuire il nostro sincero e benevolo interessamento e questo lo rilassò alquanto. Leopoldo cominciò a discorrere con lui con semplicità, come se in tutta la sua vita non avesse fatto altro, e volle sapere la sua storia. Il prete ci raccontò le sue vicissitudini e ci fece vedere la sua raccolta di erbe e di radici, spiegando ad un granduca interessatissimo le varie proprietà e i principi delle diverse essenze, che egli usava per curare le malattie. Trascorremmo con lui più di un'ora e Leopoldo alla fine era entusiasta della scienza che aveva trovato in quell'uomo semplice e buono, che aiutava tutti senza alcun interesse.

Io ero rimasta incantata dalla bellezza della sua anima. Prima di ripartire volli raccogliermi in preghiera nella piccola chiesa. Quando ne uscii il prete chiese umilmente il permesso di baciarmi di nuovo la mano e di darmi la sua benedizione. Leopoldo glielo accordò.

- Altezza - mi disse il sacerdote - Dio conosce la vostra sofferenza e la vostra bontà, non vi abbandonerà mai, non abbiate paura.

- Vi ringrazio, padre, le vostre parole mi sono di conforto, non le dimenticherò. Continuate a pregare per me e per i miei figli.

- Lo farò, altezza, e siate certa che i figli volati in cielo faranno altrettanto. Vi saranno sempre vicini.

Sentii gli occhi inumidirsi e vidi che anche il volto di Leopoldo era commosso.

- Padre - gli disse- siamo lieti di avervi conosciuto, non dimenticheremo la vostra lezione.

- Oh, sire, sono un semplice prete di campagna, faccio quello che posso per aiutare gli altri, ma non ho alcuna istruzione e le vostre parole mi confondono.

- La vostra scienza è la più alta che ci sia, perché voi fate tutto per amore di Dio e del prossimo.

Il prete arrossì confuso e fece l'atto di

inginocchiarsi davanti a noi. Leopoldo lo rialzò e gli strinse le mani, salutandolo amichevolmente.

Quando fummo in carrozza, mi sussurrò - E' davvero un uomo eccellente, forse è così che sono i veri santi.

- Credo che abbiate ragione, io ho visto nei suoi occhi la benedizione di Dio.

Tornando verso Firenze mi sentivo ora molto più in pace con me stessa e con la vita, che mi aveva riservato grandi dolori, ma anche grandi consolazioni.

Capitolo 12

Ad agosto Leopoldo partì per un terzo viaggio verso Vienna, chiamato quasi d'urgenza dalla madre, molto inquieta per il nuovo stato di guerra che si era venuto a creare tra Austria e Prussia. Io lo seguii qualche giorno più tardi, dopo aver dato le ultime disposizioni a governanti ed istitutori riguardo ai bambini, specialmente i più piccoli. Feci una breve sosta a Modena e giunsi a Vienna solo il 18 di settembre.

Leopoldo tornò dieci giorni dopo dal quartier generale di Giuseppe ed era di umore feroce.

Niente di ciò che aveva visto gli era piaciuto. Era molto critico nei confronti del fratello, del suo modo di rapportarsi con gli ufficiali e dei soldati, delle sue decisioni prese in

modo   poco   ponderato,
dell'indisciplina,   degli   arbitrii.
Secondo lui non c'era una sola cosa
che girasse per il suo verso, né sul
campo di battaglia (e lui odiava poi
con tutto il cuore quella guerra che
giudicava   inutile)   né   dentro   le
segreterie dei ministri. Leopoldo era
intrattabile come mai. Persino tra noi
sembrava scomparsa ogni forma di
dialogo. Mi sentivo, come spesso mi
accadeva quando eravamo a Vienna,
una nullità assoluta e vedevo come un
miraggio , ahimè lontano, il ritorno a
Firenze.

Leopoldo   dirigeva   dalla   capitale
dell'Impero anche gli affari della
Toscana, con sovrappiù di lavoro (e di
nervosismo). L'imperatrice voleva che
si   informasse   delle   più   minute
questioni dell'impero per poi farle dei
resoconti. Giuseppe lo tempestava di

lettere irritatissime, evidentemente geloso che il fratello occupasse il suo posto.

Finalmente una sera mio marito mi disse che aveva preso la decisione di scrivere una "sua"relazione dettagliata sullo stato della monarchia e della famiglia. Da allora anche i nostri rapporti migliorarono decisamente, quasi che tutte le emozioni e le tensioni accumulatesi durante le frenetiche giornate di lavoro , messe su carta, come dire, si dissolvessero e liberassero per conseguenza il suo animo.

Ogni tanto mi faceva leggere alcune di queste pagine ed io rimanevo esterrefatta dalla tagliente severità di quei giudizi, corrosivi e cattivi, nonché secondo me spesso non del tutto giusti.

Non sempre però osavo dirgli il mio parere per timore di suscitare reazioni irate e soprattutto di interrompere nuovamente quell'intesa che sempre c'era stata tra noi e che aveva rischiato, in quelle prime settimane di soggiorno viennese, di naufragare sotto le pressioni esterne.

Alla fine comunque Leopoldo non ne poteva più e, subito dopo il ritorno a Vienna di Giuseppe (il quale un mattino trovandolo a colazione con la madre lo aveva apostrofato così: ora che sono tornato mio fratello se ne può pure andare) chiese a più riprese alla sua augusta madre il permesso di tornarsene in Toscana . L'imperatrice gli fece notare che non era il caso di dare adito ai pettegolezzi che circolavano nella capitale sui dissapori sorti tra i due fratelli e che era meglio aspettare ancora un po'. Arrivammo così al mese di marzo, quando finalmente in tutta fretta ce ne tornammo a Firenze, con grande sollievo di tutti e gioia dei bambini che ci aspettavano con ansia.

Non tornai più a Vienna fino alla morte di Giuseppe, quando Leopoldo fu chiamato a succedergli sul trono, mentre mio marito vi andò nell'84 per accompagnare Francesco secondo il desiderio dello zio imperatore.
Giuseppe era venuto diverse volte in Italia e in Toscana in particolare. Nel '69 quando si incontrò a Roma con Leopoldo in occasione del conclave per l'elezione del papa e insieme a lui posò per un quadro di Batoni, che piacque così tanto alla mia imperiale suocera da indurla a farsene fare una copia e a metterlo nei suoi appartamenti privati, forse perché, una volta tanto, i suoi figli vi apparivano

concordi e amici. Tornò nel 1775 e infine, dopo la morte della madre, nel 1783 per stabilire con Leopoldo alcuni accordi importanti circa il futuro della monarchia e del granducato. Se di accordi si può parlare visto che a Leopoldo toccò chinare il capo su tutta la linea : eliminazione della secondogenitura, trasferimento a Vienna di Francesco, matrimonio di quest'ultimo con una principessa del Wuttemberg. Tutto contro il parere fortemente contrario di mio marito, il quale tuttavia avvisò il fratello: con o senza questo accordo chi di noi due sopravvivrà all'altro farà come gli pare.

A me confessò la sua amarezza e il suo disappunto per queste decisioni a cui si era dovuto piegare, vista la dipendenza dalla politica imperiale di Vienna, che spesso egli aveva combattuto contrapponendole il proprio diritto a decidere in maniera indipendente. Nel 1780 era morta sua madre. Anche se il declino dell'imperatrice era ormai in atto da diversi anni, nessuno si aspettava (o meglio si voleva aspettare) la sua fine . Maria Teresa aveva governato per così lungo tempo e con tanta imperiosa energia da sembrare ai più l'eterna incarnazione del potere. Cosa ne sarebbe stato del regno asburgico senza di lei, senza le sue cure di madre e di sovrana? Era giovanissima quando era diventata regina, aveva dovuto combattere contro mezza Europa e soprattutto contro l'irriducibile re di Prussia per affermare il suo diritto al trono, era stata più volte sul punto di essere annientata e sempre aveva trionfato. Era riuscita, nonostante gli impegni gravosissimi, ad allevare con puntiglioso pugno di ferro un esercito di figli, a cui forse avrebbe voluto dare di più in termini di attenzioni materne, ma che sicuramente aveva amato in modo assoluto. Il che non le aveva impedito di disporre della loro vita a suo insindacabile giudizio, unicamente pensando al bene della dinastia e alla perpetuazione del potere. Come madre era consapevole della infelicità che avrebbe procurato ai figli, come regina non ammetteva repliche, né cedimenti o dubbi.

Così era andata per Giuseppe, almeno fino ad un certo punto, per Leopoldo, per le figlie, spose a Napoli, Parma e Parigi. Ognuno di loro aveva sofferto e pianto, protestato, poi aveva chinato la testa e si era adattato. Leopoldo diceva che lui era stato il più fortunato dei suoi fratelli e sorelle. Certo, se paragonato a quelli di Maria

Antonietta, Maria Amalia e Maria Carolina, il nostro matrimonio era felice, sereno. Tuttavia, ancora dopo tanti anni di matrimonio e di convivenza, non potevo ogni tanto fare a meno di considerare quanto diverso sarebbe stato se lui avesse potuto scegliere liberamente la sua sposa o io il mio sposo, come aveva fatto Maria Cristina o la stessa mia augusta suocera, che aveva sposato l'unico amore della sua vita.

Gli ultimi anni erano stati per lei una lotta continua con Giuseppe. Le loro mentalità così differenti, i caratteri così uguali, non potevano non generare scontri e tensioni senza fine. Lei aveva cercato a volte l'appoggio di Leopoldo, ma, nonostante il carattere buono e apparentemente remissivo, anche mio marito l'aveva delusa non appoggiandola più nelle sue scelte, che egli non condivideva affatto, esattamente come criticava aspramente quelle del fratello.

Quando giunse a Firenze la notizia della morte, Leopoldo pianse amare lacrime, in cui al dolore filiale si mescolava il rimorso per non esserle stato vicino negli ultimi tempi.

- Non potevate sapere- gli dissi- non fatevene una colpa.

- Mia madre mi aveva scritto un mese fa dicendo che stava poco bene, avrei dovuto capire.

- Che cosa?

- Non lo so, non lo so, però non era da lei lamentarsi per niente. Forse se fossi stato più attento alle sue parole …

- Se non sbaglio una settimana fa arrivò una lettera in cui diceva di stare meglio e ci salutava con l'affetto di sempre. Non fatele il torto di lasciarvi vincere dalla malinconia.

- A lei non piacevano le persone malinconiche e nemmeno il mio carattere le è mai andato a genio.

- Ma sapete che vi amava.

Leopoldo mi guardò con espressione indecifrabile - Sì, ha amato tutti i suoi figli, ma non ne ha mai capito alcuno.

- Le sue scelte politiche forse vi hanno reso infelici, ma vi è stata sempre maternamente vicina.

Leopoldo non rispose, limitandosi a stringermi con forza le mani, che poi si portò alle labbra. Solo dopo un lungo silenzio osservò : - Io sono l'ultimo a lamentarmi delle scelte di mia madre, almeno per quello che riguarda il matrimonio ; lei certo non ha mai dato spazio a nessuno e quel poco che ognuno si è guadagnato è costato lacrime e sangue. E un mucchio di errori pagati a caro prezzo. Spero solo di non fare lo stesso sbaglio con i nostri figli. Eventualmente conto su di voi per essere avvertito.

- Lo farò, se sarà necessario, ma non lo credo possibile, voi siete un padre meraviglioso.

Leopoldo ebbe una leggera smorfia - Giuseppe insiste perché Francesco vada a Vienna al più presto e vorrebbe anche Ferdinando.

Sussultai.

- Non preoccupatevi, Ferdinando resterà qui, combatterò per lui fino all'ultimo. Voglio che sia granduca dopo di me.

- Non sarà facile.

- Niente lo è nella mia vita, dovreste saperlo.

Annuii e lui aggiunse : - Tranne voi , signora.

Capitolo 13

Chissà se quando, qualche anno dopo, conobbe l' ultimo suo grande amore, le avrà detto le stesse parole?

Ho sempre sperato (ed ora più che mai ho necessità di illudermi) che le altre donne fossero per lui solo momentanei sfoghi per la sua sete di amore, che non lo coinvolgevano totalmente, lasciando a me , a me sola le chiavi delle sue stanze più segrete. Razionalmente dovrei sapere che così non era, ma io ho sempre dato spazio più ai sentimenti e all'intuizione che al puro e freddo raziocinio e continuo a credere ciò che la realtà dei fatti ha spesso largamente contraddetto.

E' difficile ancora adesso per me affrontare la parte dei ricordi che riguardano la storia d'amore tra Leopoldo e Livia, ma devo pur farlo una buona volta e smetterla di girarci intorno.

Era il 1786 quando Leopoldo conobbe Livia e se ne innamorò perdutamente. Era una giovane danzatrice, molto bella e di un carattere allegro e impulsivo, anche se dolce. Venne da mio marito in udienza per uno sgarbo che a dire del padre le era stato fatto da alcuni studenti che l'avevano sonoramente fischiata. Non so quante volte mi sia augurata che Leopoldo quel giorno non avesse concesso udienze, che fosse stato impegnato altrove, che … ma i fatti sono quelli che sono e non si possono smentire.

Come sempre non tardai a conoscere la storia di quella relazione, degli incontri più o meno segreti e, come sempre, mi trovai a combattere con la mia aspra gelosia, che dopo tanti anni non si era ancora rassegnata a farsi da parte.

Del resto Leopoldo, quando un giorno affrontai l'argomento quasi casualmente, non ebbe difficoltà ad ammettere, con quella sua sincerità quasi candida (eppure crudele nella sostanza), questo amore.

- Tuttavia -disse -vi giuro che voi non ci rimetterete in nulla.

- Non so se vi rendete conto che le vostre parole sono per me crudeli come gli strumenti di tortura che volete abolire- osservai cercando di dare alle mie parole un tono leggero, mentre continuavo ad occuparmi graziosamente degli ospiti che erano invitati quella sera nel mio salotto.

Leopoldo arrossì leggermente e si chinò a baciarmi la mano - Mi dispiace -sussurrò- che vi sentiate così. Vi prego di scusarmi se lascio così presto i vostri amabili ospiti, ma un impegno urgente mi chiama. Verrò a trovarvi più tardi.

- Altezza, non c'è bisogno che vi disturbiate a mantenere delle forme che non corrispondono ai vostri veri sentimenti. La vostra assenza è giustificata fin da adesso.

- Eppure verrò.

Salutò tutti con la sua solita composta cortesia e si allontanò. Lo seguii con lo sguardo fin quando non scomparve dietro la grande porta dipinta del salotto, ma lui non si volse mai indietro. In quel momento capii di averlo perso per sempre.

Dopo tanti anni di matrimonio e dopo tanti figli credevo (mi illudevo) che niente potesse incrinare il nostro rapporto: non le mie debolezze fisiche sempre più frequenti, non i suoi malumori , non i difficili rapporti con il fratello né le sue avventure galanti più o meno passeggere. Questo amore invece ridusse in briciole, in un attimo, tutto il mio mondo.

Stavo invecchiando rapidamente e sentivo la mia giovinezza sparire e disperdersi come in autunno le foglie degli alberi nei giardini.

Quella sera mi ritirai abbastanza presto e dissi alle mie dame che non volevo essere disturbata, non mi sentivo troppo bene e perciò volevo restare sola.

Andai alla mia libreria personale e cercai un libro che conoscevo bene, quel libro di poesie che un tempo lontano mi ero portata dietro dalla Spagna, quando con l'animo pieno di ansia e di apprensione mi apprestavo a conoscere il mio sposo ma avevo, nonostante tutto, un sogno che mi teneva compagnia.

- Adesso- mi dissi , mentre con le dita ne accarezzavo la costola un po' consunta senza osare aprirlo – di quel sogno non rimane nemmeno la traccia ed è inutile che cerchi conforto nelle poesie. La vita, dovresti averlo imparato, non è quella dei tuoi libri sentimentali. Rassegnati; anche se ti sei voluta illudere, Leopoldo non ti ha mai amato ed ora poi … deciditi a farti da parte.

Ma il mio cuore si ribellava nonostante tutto alla ragione che cercava di metterlo sulla buona strada. E la lotta era tanto aspra da soffocarmi.

Mi rannicchiai su di una poltrona stringendo quasi convulsamente quel vecchio libro tra le braccia, come se fossc un figlio o quell'amore che avevo sempre inseguito senza mai possederlo.

Chinai la testa, sconfitta, e piansi.

Sentii suonare lontano l'orologio di una torre e mi augurai che mio marito si fosse dimenticato della sua promessa. Non si sentivano più rumori nelle stanze vicine, né nei cortili sottostanti.

Era caldo nonostante fosse solo aprile e aprii le finestre. Il cielo era buio, senza luna; la vista dei giardini silenziosi non mi dava alcun conforto. Era come se l'inaridimento che sentivo dentro la mia anima si riversasse su tutte le cose. Niente mi avrebbe mai più restituito la vita di un tempo. Mentre ero affacciata ancora alla finestra lasciandomi quasi con voluttà assorbire dal buio, sentii aprire la porta. Non mi volsi.

Leopoldo mi si affiancò, ma non mi abbracciò come era sua abitudine.

Rimanemmo in silenzio, ognuno inseguendo i propri pensieri ed io sapevo che i suoi erano intrisi di gioia e di amore e di vita, i miei di freddo e di buio.

- Non avevate bisogno di scomodarvi a venire- dissi senza guardarlo- per dirmi che le nostre strade da ora in poi divergono inevitabilmente. Salveremo le forme, ma , per favore, rinunciate da qui in avanti a venire nei miei appartamenti.

- Non è per forma che sono qui. Voglio parlare sinceramente con voi; non voglio farvi soffrire, sapete che questa è davvero l'ultima cosa che desidero.

Lo guardai con occhi vuoti e lui mi prese una mano.

- Che avete?- chiese quasi spaventato – non vi sentite bene?

-    Sto   benissimo,   altezza,   sto benissimo- risposi con voce incolore.

- No, non vi ho mai visto in questo stato. Per l'amor del cielo, ditemi qualcosa, maleditemi se volete, ma non guardatemi con quegli occhi.

Mi chiuse il viso tra le sue mani e mi baciò leggermente sulla fronte.

Io allontanai con rabbia quelle mani, liberandomi e allontanandomi da lui.

- Andatevene.

- Luisa … – mormorò appena lui .

Quasi mai mi chiamava per nome ed io ne ricevetti come una scossa.

- Andatevene - supplicai - non voglio sentire niente e non voglio maledirvi. Sapevo che questo giorno prima o poi sarebbe arrivato. Secondo la promessa che vi feci una volta, mi farò da parte. Vi auguro di essere felice, altezza.

- Luisa - ripeté lui - perdonatemi.

- Finalmente avete trovato quello che cercavate da sempre ed io devo ritirarmi in buon ordine. I miei sentimenti di donna passano in secondo ordine rispetto al vostro diritto di amare chi volete, non è così?

Leopoldo mi guardò con occhi tristi.

- Rimanetemi vicina, vi prego, anche se non lo merito.

- Sapete che lo farò. Adesso andate.

Lui scosse la testa, senza però trovare neppure una parola per alleviare il mio dolore.

- Vi prego, Leopoldo – insistetti.

- Fatemi restare ancora un poco.

- A che scopo, se non abbiamo più niente da dirci?

- La nostra amicizia non è mai stata in discussione ed io vi voglio bene sinceramente.

Avrei voluto urlare, mi limitai a serrare le labbra, voltandomi di nuovo a guardare il buio sopra i tetti di Firenze.

Leopoldo poco dopo se ne andò in silenzio come era venuto. Rimasi a guardare il nulla per molte ore ancora.

Da allora Leopoldo non venne che

molto raramente nei miei appartamenti ed io cercavo ogni scusa possibile per negarmi a lui in quelle occasioni , anche se non sempre ci riuscivo. A maggio mi accorsi di aspettare di nuovo un bambino e, per la prima volta in vita mia, ne provai quasi angoscia.

Non potevo in ogni caso negargli la mia solidarietà nelle sue scelte di governo, su cui lui continuava esattamente come un tempo a chiedermi il parere e a discutere con me.

Erano anni di dure lotte con la corte di Roma, per le riforme relative agli affari ecclesiastici, riguardo ad un clero troppo numeroso e corrotto, che aveva perso in molti casi il senso della sua missione tra la gente ed era diventato un peso insostenibile per tutti.

Leopoldo aveva dato tutta la sua

fiducia al vescovo di Prato e non voleva sentire ragioni quando qualcuno criticava certi atteggiamenti eccessivi, non sempre limpidi e razionali dell'alto prelato. A me non piaceva affatto quel vescovo, ma non avevo avuto più fortuna degli altri presso mio marito. Lui continuava a sostenere che non l'avevamo compreso, che ci sbagliavamo sul suo conto, anche se poi qualche anno dopo quel famoso sinodo dell'87, che rappresentò una netta sconfitta della politica di Scipione de' Ricci e, purtroppo anche del governo, dovette ammettere che errori di valutazione in effetti ne aveva commessi anche lui.

Ed erano anni cruciali per la riforma delle comunità locali e soprattutto del sistema giudiziario e del codice penale. Leopoldo non aveva, come sempre , un attimo di tregua e spesso lo vedevo più che stanco, esausto.

Indomabile comunque.

Non avevo più però, come prima, il privilegio di essere la sua isola di quiete.

Anche se si confidava con me e cercava in me il sostegno alla sua politica, adesso, quando era afflitto da qualche malinconia, andava a rifugiarsi tra le braccia della sua adorata Livia piuttosto che tra le mie.

Nessuno a corte doveva parlare di questa relazione per esplicito desiderio di Leopoldo, che, devo dargliene atto, si comportava in questo con estrema delicatezza e pudore nei confronti miei e dei nostri figli, ma ovviamente le voci giravano lo stesso ed ogni volta che arrivavano alle mie orecchie mi ferivano in maniera indicibile.

Nel 1787 Maria Teresa andò sposa al principe di Sassonia. Ci furono splendide feste a Firenze in occasione del matrimonio svolto per procura, poi venne il giorno della partenza e fu un'altra cicatrice profonda nel mio cuore.

Veder partire mia figlia fu qualcosa di assolutamente non paragonabile a nessun'altra pena . Non avevamo motivo di temere che il principe sarebbe stato un cattivo marito, anzi, e Maria Teresa partiva eccitata e piena di sogni, più o meno come era accaduto a me venti anni prima, con in più la serena certezza che niente avrebbe offuscato la sua felicità futura , ma a me sembrò di perderla per sempre e ne soffrii acerbamente, tanto più nella condizione psicologica in cui mi trovavo ora.

La sera prima della partenza andai nelle sue stanze per salutarla .

Era stanca, ma aveva anche una gran

voglia di confidarsi e di parlare con me. La guardai così fiera e felice e pensai alla mia giovinezza perduta e al giorno splendido in cui l'avevo tenuta tra le braccia per la prima volta.

Tra ricordi, confidenze e qualche commozione rimanemmo a chiacchierare per quasi due ore. Stavo per andarmene quando venne anche Leopoldo che, evidentemente, come me sentiva il bisogno di un ultimo, privatissimo colloquio con la figlia.

- Vi lascio soli – dissi, quando egli si fece annunciare.

- Aspettate, mamma, ancora un poco.

- Cara, credo che sia meglio che vi lasci soli. Tuo padre sarà molto più libero di parlare senza la mia presenza.

- Non è vero – intervenne Leopoldo, che aveva sentito le mie ultime parole.

– Lo sapete bene.

- Quello che so è che ora non avete più

bisogno di me e soprattutto della mia confidenza.

Maria Teresa ci guardò perplessa; sebbene anche lei sapesse della relazione del padre come tutti, forse si era illusa che tra noi i rapporti fossero quelli di sempre, amichevoli e cordiali. Non osò tuttavia chiedere niente né a me né al padre, il quale, dal canto suo, con la sua solita dolcezza e sensibilità, riuscì a trovare le parole giuste per congedarsi dalla figlia.

Uscimmo insieme dall'appartamento di Maria Teresa ed egli, inaspettatamente, mi chiese se poteva avere l'onore di rendermi visita nelle mie stanze.

- Devo parlarvi di una cosa importante – aggiunse.

- Potete farlo domani quando ci incontreremo a colazione.

- No, subito, se non vi dispiace.

- Allora come volete, signore.

- Non vi tedierò a lungo, ma davvero è urgente e in questi giorni non abbiamo mai avuto modo di restare soli.

- Altezza, qualche momento avreste potuto trovarlo se davvero aveste voluto e se non aveste dovuto onorare con le vostre visite la signora Raimondi.

Gli occhi di Leopoldo mi guardarono furenti per qualche attimo, poi si abbassarono quasi confusi di fronte al mio sguardo fermo.

- Allora, cosa avete da dirmi? – chiesi a bruciapelo quando fummo nel mio appartamento – Vi prego di essere breve, sono molto stanca.

- Livia aspetta un figlio da me- disse lui quasi in un soffio.

Vacillai come sotto l'effetto di un pugno, ma mi sforzai di non tradire la mia angoscia.

- Siete felice di questa nascita?

- Sì.

- Dunque auguro ogni bene a questo bimbo che deve venire al mondo e a sua madre. Se vi rende così felice, anch'io lo sono per voi. Non so che altro aggiungere, visto che non è cosa che riguarda la mia vita.

Leopoldo mi guardò come da tempo non faceva più ed io avvertii che, nonostante volessi mantenermi fredda ed insensibile al mio fascino, non ne ero affatto immune.

- Vi ringrazio delle vostre parole. Luisa, so quello che state soffrendo per questa storia e vi giuro che non avrei mai voluto che accadesse. Ma è successo e vi confesso che è qualcosa di tanto bello e dolce da farmi perdere la testa. So che le mie parole suonano crudeli alle vostre orecchie e soprattutto al vostro cuore e di questo sono addolorato profondamente, credetemi. Ma so anche che avete diritto alla mia sincerità. Nessuno più di voi che mi avete dedicato tutta la vita e mi avete sempre sopportato anche nei momenti più duri, che siete stata la mia compagna ed amica nel bene e nel male. Senza di voi sarei stato nulla.

- Ora avete lei e presto avrete un altro figlio da coccolare - mormorai, ricacciando indietro le lacrime.

Mentre dicevo queste parole sentii per la prima volta che non ero capace di odiare quella creatura e forse nemmeno sua madre; dopo tutto non era colpa di lei se la sua giovinezza e bellezza avevano fatto innamorare Leopoldo, dandogli di nuovo, dopo tanti anni, l'illusione di poter riacciuffare le dimenticate emozioni della giovinezza.

- Ma non voglio perdere voi.

- Vi sembra possibile?

- Sì.

- I miei sogni si sono infranti tutti, l'uno dopo l'altro, in questi anni ed ora anche l'ultima tenace illusione, quella di aver nonostante tutto un posto anche minimo nel vostro cuore, si è dileguata. Altezza, vi ho ascoltato ed ora devo chiedervi di andarvene. Vorrei ritirarmi.

- Il vostro posto nel mio cuore rimane inalterato, ve lo assicuro. Voi sola ...

Per non sentirlo mi chiusi le orecchie con le mani, mentre le lacrime scendevano senza più freni lungo il mio viso.

Leopoldo mi afferrò i polsi e mi baciò. Cercai di sfuggirgli, lui insistette ed io, sebbene la mia ragione urlasse di no, mi arresi al suo desiderio che era anche il mio.

Rimase con me tutta la notte e ,
mentre il buio si stemperava a poco a
poco nel chiarore dell'alba,
continuammo a parlare sottovoce ,
cercando di ritrovarci.

Al mattino salutammo Maria Teresa
che partiva alla volta di Dresda verso
la sua nuova vita e poi Leopoldo mi
sussurrò :- Vorreste venire alla Petraia
con me per qualche giorno? Sto
facendo fare dei lavori nei giardini e
vorrei il vostro parere . Potremmo
portare anche Luigi e Ranieri se volete.

- Preferire restare qui se non vi
dispiace.

- Sì, mi dispiace. Desidero che veniate
con me.

- Cosa volete dimostrare, signore? Che
sono false le voci che circolano
maligne su di voi? O che la
granduchessa approva il vostro
legame?

- No - disse Leopoldo quasi con rabbia-– Non ho niente da dimostrare a nessuno, vorrei solo aver modo di parlare ancora un poco con voi come un tempo, come stanotte, con sincerità e schiettezza.

- La Pietraia- mormorai tra me- è come un miraggio nel deserto. Vi abbiamo passato dei momenti assolutamente unici; o almeno tali erano per me.

- Anche per me è sempre stato un rifugio incomparabile per ristorarsi dagli affanni quotidiani. Allora verrete?

- Ci penserò.

- Me lo farete sapere al più presto?- insistette lui con voce quasi ansiosa.

- Sì.

- Vi ringrazio, mi fareste felice più di quanto non crediate.

Pensai :- Perché non lo dite a lei? – ma tenni per me la domanda: Leopoldo non era il granduca Francesco né Livia Bianca Cappello. Mio marito non avrebbe mai consentito ad una qualsiasi favorita, fosse pure la stella polare della sua vita, di interferire con le sue funzioni e la sua dignità di sovrano.

Benché la tentazione di trascorrere qualche giorno sereno, se non felice, in campagna fosse forte, ci pensai su per diversi giorni, valutando pro e contro, senza riuscire a decidermi. Alla fine Leopoldo divenne impaziente ed una mattina, mentre ero con i bimbi più piccoli nella stanza dei giochi, venne a reclamare la sua risposta.

- Sto aspettando da giorni di conoscere la vostra decisione. Volete essere così cortese da dirmi se è sì o no?

- Come vi dissi subito preferirei non venire- (perché diamine riposi così quando desideravo tutto l'opposto?)

- Ah, bene. Allora non mi farete l'onore di vedere i lavori che stiamo facendo nel parco? Peccato tenevo molto al vostro giudizio.

- Non c'è bisogno di giorni per questo, bastano poche ore. Se volete possiamo andarci una di queste mattine.

- Che cosa temete?

- Nulla , altezza.

- Che vi strappi qualche promessa sgradita o ancora pensate che ci sia qualche tranello sotto?

In effetti erano tutte ipotesi che avevo valutato, ma che mi parevano assurde, conoscendo il carattere schietto di Leopoldo. E del resto non mi aveva detto fin da subito la verità su questo amore?

- Perché io, Leopoldo? non avete ora vicino a voi una donna che amate con tale dolcezza e passione da perdere la testa? Perché io?- ripetei

- Non chiedetemelo perché non lo so – ammise con stupefacente candore- Voglio voi alla Pietraia e nessun altro, questo è quello che so.

- E' irragionevole.

- Forse , ma è così. Se non verrete andrò da solo. Tutto qui.

Tacqui tanto a lungo che Leopoldo alla fine sbottò:- Signora, allora?-

Lo guardai negli occhi e lui sostenne con franchezza quello sguardo. Mi arresi.

- D'accordo verrò poiché lo desiderate tanto.

- Ma anche voi lo volete quanto me, vero?

- Sì – confessai.

Lui ebbe un breve sorriso di trionfo.

- Non immaginate nemmeno quanto sia felice

- Di averla avuta vinta come sempre?

- No, di avervi di nuovo vicina.

Sono stata sempre incapace di oppormi davvero alla sua volontà, ai suoi desideri, questo lo so, eppure era una cosa che mi rendeva felice assecondarlo in tutto.

I giorni passati alla Pietraia furono intensi, sereni, non facevamo che parlare e passeggiare nei giardini, osservando gli ultimi fiori estivi, le foglie degli alberi che cominciavano a tingersi di giallo e di rosso, le fontane zampillanti appena sistemate, come se tutto ciò fosse l'unica cosa realmente importante, come se al mondo null'altro esistesse in quel momento a parte la quiete e il silenzio della campagna, dove non arrivavano le voci della città, i litigi dei ministri, le manovre degli oppositori. Cominciai finalmente a pensare alla creatura che viveva in me con la giusta serenità .

Per solito Leopoldo non parlava mai del figlio che cresceva nel seno della sua cara, giovanissima Livia e soltanto qualche volta, rispondendo alle mie domande, si lasciava andare a delle confidenze quasi incredibili.

Seppi così che Livia soffriva molto per questa gravidanza ed egli aveva paura che il piccolo non nascesse sano .

Un giorno gli chiesi se avesse mai preso in considerazione l'ipotesi di un consulto con il mio ginecologo personale, un medico carico di esperienza e di saggezza anche umana. Leopoldo sgranò gli occhi per lo stupore davanti ad una simile inaspettata proposta, che gli doveva apparire quanto meno inusuale.

Sorrisi : - Non ditemi che non ci avevate pensato.

- Sì, per la verità, ma non mi pareva

conveniente anche solo il chiedervelo.

- Conveniente? Lo dite voi che aborrite l'etichetta? E vi sembra dunque più conveniente che una donna rischi la vita in una gravidanza difficile o che una creatura innocente soffra piuttosto che chiedere il consiglio di un medico, sia pure quello personale della granduchessa? Davvero mi stupite, altezza.

Leopoldo mi fissò con un'aria che sembrava quella di un bambino timido che non osa pensare che i suoi sogni segreti si realizzino.

- Le vostre parole mi trovano impreparato e mi commuovono. Dite sul serio? Sareste disposta a questo gesto, che, lo sapete, diventerà oggetto di chiacchiere infinite?

- Adesso non vi riconosco più, lo giuro. Dunque dopo tutti questi anni non riuscite ancora a leggere nel mio

cuore (o forse non ci riuscite più?).
Certo che dico sul serio, cosa volete
che mi importi dei pettegolezzi , di
questo tipo di pettegolezzi ? Sono ben
altre le cose che mi feriscono,
dovreste saperlo.

- Il vostro cuore è davvero una miniera
inesauribile di tesori, signora, e mi
obbliga ad esservi eternamente
riconoscente.

- Lasciate perdere, per favore, non...

- Aspettate - mi interruppe lui - non sto
facendovi dei vuoti complimenti. E'
davvero quello che penso.

- Allora fatemi il piacere di fare come
vi ho detto. La mia ricompensa starà
nella vostra felicità, come sempre.

Leopoldo mi baciò teneramente : -
Grazie, Luisa - mormorò.

- Spero che il bimbo venga su bene. E'
un tale terribile dolore perdere un
figlio...dunque fatemi sapere.

Lui rimase in silenzio per qualche secondo poi disse :- Posso farvi una domanda?

- Dite.

- Non... non siete... - inciampò senza riuscire ad andare avanti.

- Allora?

- Adirata con me?

Sorrisi con un po' di malinconia - Lo sono e sono anche molto gelosa. Ma, altezza, ho sempre tenuto ben presente quello che mi diceste una volta " La moglie del granduca aveva il suo ruolo e la sua dignità; l'amore è un'altra cosa". Voi l'avete applicato alla lettera ed io ho cercato di adeguarmi.

- Protesto, non è così che è andata.

- No?

- No, voi siete sempre stata unica per me.

- A quante l'avete detto, Leopoldo?

- La verità è che ogni volta avete

saputo riconquistarmi ed ogni volta ho capito il mio errore. Non vi basta?

- Bastarmi?- pensai- Può bastare l'amore, specialmente quello che si vorrebbe e non si riesce ad ottenere? In tutti questi anni non ho fatto che confrontarmi con le vostre amanti, con i vostri capricci sentimentali, riaccogliendovi deluso e amareggiato e bruciato ogni volta come un adolescente alla sua prima delusione d'amore. Vi ho dato molti figli, ho perduto la mia giovinezza e la salute, sono sfiorita come una rosa in autunno, ogni volta ricominciando da capo a ricucire gli strappi che avevate procurato al mio animo e ora mi dite che dovrebbe bastarmi? Come fate ad essere così crudele?-

Ma non dissi niente , limitandomi ad osservare :

- Stavolta però è diverso.

- Sì.

- Bene , allora mi contenterò di avere ancora qualche volta le vostre confidenze e per il resto...- volsi lo sguardo altrove cercando di rimandare indietro la commozione che mi invadeva- Però andatevene ora, non perdete tempo.

Leopoldo si inchinò e mi lasciò. Immagino che il suo cuore già stesse volando verso altri lidi ed ardeva dal desiderio di essere rassicurato sulla salute di Livia e del figlio che lei portava in grembo.

Il bambino nacque perfetto e la madre si riprese ben presto. Leopoldo decise di chiamarlo Luigi, come il nostro penultimo bimbo.

- Perché?- gli chiesi curiosa, ma non irritata.

- E' un nome che piace sia a me che alla madre. Vi dispiace?
- Ma no, naturalmente.

Il nostro era nato qualche mese prima ed anche questo era un maschio, Fu battezzato con il nome di Rodolfo.

Alla fine dell'anno morì mio padre.
Da quando mi ero sposata non l'avevo più rivisto, ma avevo ricevuto costantemente da lui lettere e regali affettuosi. Mio padre era sempre stato tenero con i figli e, dopo la morte di mia madre, che aveva amato profondamente tanto da non volersi più risposare nonostante le insistenze della corte, si era dedicato ancor più a noi. Mia madre era morta quando io avevo quindici anni e avevo sentito acerbamente la sua mancanza in un'età in cui avrei avuto bisogno di lei per

confidarle i primi turbamenti del mio animo femminile. Mio padre aveva cercato di colmare il vuoto, ma non era e non poteva essere la stessa cosa. Però era stato un padre eccezionale per me e quando seppi della sua scomparsa mi sentii sola come mai. Se almeno avessi avuto uno sposo vicino … ma Leopoldo era ormai psicologicamente lontano da me ed era sempre talmente preso dai suoi impegni che non me la sentivo di tediarlo con le mie emozioni. E, del resto, che cosa avrei ricevuto in cambio? Lui non poteva capire i miei sentimenti, non aveva conosciuto mio padre e non sarebbe mai riuscito ad immaginare che ci potesse essere stato tra me e lui un legame di sincero c profondo affetto e attaccamento anche dopo anni e anni di lontananza. I rapporti nella famiglia imperiale non erano (e non erano mai stati) di quel tipo. C'era molta invidia, gelosia, rancore tra mio marito e i suoi fratelli e sorelle, nonostante i cortesissimi rapporti formali.

Giuseppe stava rapidamente declinando e nella primavera del 1789 ebbe una grave crisi che riuscì a superare a stento e che gettò Leopoldo in uno stato di prostrazione tremendo. Mio marito diceva spesso che la vita del fratello era una miscela di esagerazioni e sregolatezze tali che l'avrebbero distrutto. Non si amavano affatto.

Un giorno , inaspettatamente, all'inizio dell'estate, il mio maggiordomo maggiore mi chiese con estrema cautela e circospezione se ero disposta a concedere udienza privata ad una signora che gli aveva fatto pervenire la richiesta attraverso uno dei segretari particolari del granduca, in quel momento fuori Firenze..

-Perché tutta questa titubanza? – chiesi stupita – Credete che non sia il caso che io la conceda? O che altro?

-Altezza, è una signora che … - ancora imbarazzo evidente e insolito davvero in un uomo come lui.

Quasi all'improvviso credei di capire, ma la cosa mi sembrava così assurda che scartai il pensiero, abbastanza inquietante del resto.

-Allora? Chi sarà mai questa dama che vi mette tanto in agitazione? - cercai di scherzare.

-Altezza, perdonate, è la signora Raimondi che vi chiede questa udicnza.

Chiusi per un attimo gli occhi.

-Dovreste forse rifiutarla – suggerì lui, prendendosi una libertà inusuale, ma che la sua età e la stima reciproca gli consentivano nei miei confronti.

-Sì, dovrei – dissi- ma non lo farò. Voglio dunque conoscerla, questa signora; voglio capire cosa ha di speciale per avere incantato il granduca, voglio guardarla negli occhi.

-Ripeto, altezza, non siete obbligata da nessuna regola d'etichetta. Se non volete , ci penserò io a trovare scuse adeguate.

Lo guardai con fermezza : - La riceverò e – aggiunsi – voglio essere lasciata sola con lei.

-Sola?

-Sì e non fatemi altre obiezioni . Ditele che l'aspetto tra un paio d'ore. Siamo d'accordo?

-Come volete, altezza.

-E non c'è bisogno che mi facciate raccomandazioni, so da me come devo agire.

-Non oserei mai, altezza.

-No? – sorrisi- Però ne siete fortemente tentato, dite la verità.

Lui si inchinò cerimonioso ed uscì in silenzio.

Rimasi sola, sola con un'agitazione crescente che mi faceva boccheggiare. Cercai di immaginare ogni possibile motivo che avesse spinto Livia ad infrangere quel solido muro, voluto da Leopoldo, che teneva separati i nostri mondi, le nostre vite, prova evidente del fatto che mio marito considerava la sua vita privata nettamente divisa da quella pubblica e ufficiale. Io non facevo più parte della prima (forse, nonostante le mie illusioni non ne avevo mai fatto totalmente parte) ed ero confinata con tutti gli onori nella seconda.

Livia si presentò puntuale, riservata ma niente affatto timida. Era davvero molto bella, con un fisico armonioso, un viso fresco e grandi occhi scuri, vivacissimi. I capelli non erano coperti di cipria, ma acconciati in maniera semplice e piuttosto elegante. Venne avanti con un'andatura leggera, aggraziata come un passo di danza e si inchinò davanti a me, salutandomi con voce un po' emozionata, ma chiara e gradevole. Avrei dovuto dirle semplicemente di rialzarsi, invece, quasi d'istinto, l'abbracciai aiutandola a risollevarsi. Lei parve stupita di questo gesto inatteso e senza dubbio dovette provare un attimo di commozione: le guance le si arrossarono lievemente e abbassò gli occhi confusa, aspettando che io prendessi la parola.

-Allora, signora, perché avete chiesto questa udienza? In che cosa posso esservi utile? Ditemi e non abbiate timore.

-Altezza, la vostra gentilezza squisita mi confonde e vedo che ciò che si dice della vostra bontà non è esagerato.

-Lasciate perdere queste formalità – dissi- Siamo sole e potete essere sincera.

-Ma lo sono, altezza, ve lo giuro- protestò lei- Il vostro gesto cortese di poco fa non me lo sarei mai aspettato. Mi ha davvero commosso .

-Che cosa vi aspettavate dunque? Che vi accogliessi con freddezza o peggio con astio?

-Sì, altezza

-Mi fa piacere che siate così franca. Ed io lo sarò altrettanto con voi. Quando il mio maggiordomo mi ha detto stamani della vostra richiesta il mio primo impulso è stato di negarvela, di respingervi; non crediate che io sia poi così buona come riferiscono. Ma poi mi sono detta : perché no? Perché non conoscerla? Non è colpa sua se è così giovane e bella e amata e se io non ho saputo conquistare mio marito come lei è riuscita a fare....

-Altezza, questo non credo che sia vero, sua altezza il granduca vi vuole sinceramente bene.

Feci un gesto scettico e un po' seccato con la mano -Non dite sciocchezze, vi prego.

-Non lo sono, Leopoldo (mio Dio, disse proprio così, con una confidenza che mi lasciò esterrefatta) quando parla di voi lo fa sempre in termini lusinghieri e affettuosi.

-Ma l'amore è un'altra cosa. Sapete? Eravamo sposati da pochi giorni quando lui mi disse proprio questa frase a proposito di una vecchia storia d'amore tra un granduca e la sua amante. Ed io ho sempre saputo che avrei dovuto fare i conti con la sua ricerca di amore. Perciò non temete, non ce l'ho a morte con voi.

-Voi l'amate molto, lo sento dalle vostre parole, non è vero?

-Sì, credo di essermi innamorata di lui fin dalla prima lettera che mi mandò quando ero ancora a Madrid.

In un lampo rividi quella lettera, rivissi le emozioni giovanili e le ansie di quei giorni; ripensai a mio padre e mi sentii pizzicare gli occhi e girare la testa.

Lei se ne accorse : - Altezza, non state bene? Volete che chiami qualcuno?

-No- mormorai.

Ma il senso di vertigine non passava; Livia premurosamente mi aiutò a sedermi ed attese in silenzio che mi riprendessi, dopo avermi porto dell'acqua che era su un tavolino lì accanto.

-Livia - sussurrai – posso chiamarvi

così? Dopo tutto potreste essere mia figlia ...
-Vi prego.
-Devo confessarvi una cosa : ho sempre odiato le donne con cui mio marito ha avuto delle relazioni e ho odiato voi quando Leopoldo mi ha parlato del vostro amore.
-Vi capisco, altezza, io avrei fatto altrettanto.
-Il fatto che il nostro matrimonio fosse un'unione politica non mi ha messo al riparo dai sentimenti. Io amo ancora profondamente Leopoldo, nonostante tutto, ma un giorno gli promisi che mi sarei fatta da parte se fosse stato necessario per la sua felicità e sono pronta a mantenere quel giuramento. Però, ditemi, voi l'amate così?
Livia arrossì visibilmente - Sì - sussurrò- sì.
-Lui è stato molto felice di questo

figlio che vi è nato - feci una pausa, poi riuscii ad aggiungere - di questo amore.

Il viso di Livia si illuminò - Proprio di questo figlio volevo parlarvi. Io non so come ringraziarvi per tutto quello che avete fatto per me e per lui. Vi saremo debitori in eterno. Mi chiederete giustamente : perché avete aspettato tanto per dirmelo? Che gratitudine è mai questa che si fa viva dopo un anno? Sapeste quante volte sarei voluta venire, ma due cose sempre mi hanno trattenuto. La prima è che temevo un rifiuto da parte vostra, un'accoglienza ostile, l'altra che Leopoldo non voleva assolutamente che io vi incontrassi.

-Non sa dunque che siete qui? – l'interruppi

-No .

-D'accordo , non rivelerò il vostro segreto

-Per la verità non so perché Leopoldo non abbia mai voluto sentir ragioni su questo argomento

-Perché evidentemente non ama che la sua vita privata, privatissima, si mescoli con il suo ruolo ufficiale di sovrano. Lui è fatto così ed io appartengo solo al secondo, voi al primo di questi mondi.

Livia annuì – Sì, credo che sia così. Tuttavia mi dispiace. Non vi offendete, altezza, ma permettete che vi dica che provo una pena sincera per voi, che avreste avuto diritto all'amore senza riserve del vostro sposo, come ogni donna e invece … siete ricca e potente, ma vi manca ciò che ho io che non sono nessuno

-Avete ragione. Molte volte ho pensato e sentito quello che voi dite con tanta semplicità.

-Però siete buona e generosa, tutti vi

ammirano e vi amano; non c'è davvero nessuno che osi criticarvi. Io, per quello che può valere la mia testimonianza di donna semplice, non posso che aggiungere le mie lodi e le mie benedizioni a quelle di tutti. Mi dispiace essere la causa del vostro dolore.- aggiunse poi sinceramente

-Ve l'ho già detto, non è colpa di nessuno. Tutto sommato sono stata abbastanza felice nel mio matrimonio; per lo meno sono stata e sono vicina ad un uomo che amo.

Rimanemmo in silenzio per un po'. Non avevamo più niente da dirci e lei ora sembrava ansiosa di essere congedata.

-Mi piacerebbe conoscere il vostro bimbo – le dissi d'un tratto

-Davvero?

-Sì. Lo chiederò a Leopoldo, se voi siete d'accordo.

-Ne sarei felice, altezza, ma non ditegli che sono stata qui, si adirerebbe.

-Su questo siamo già d'accordo. Troverò il modo, non temete. E voi magari potreste qualche volta farmi visita, se lui lo permetterà.

-Oh, non ne sarei all'altezza, mi confonderei troppo.

-Ma a me farebbe piacere parlare sinceramente con voi. Vi confesso che è un po' egoistica la mia richiesta. Sono molto sola a volte, nonostante le dame che mi girano intorno e poi, attraverso voi, ritroverei in parte ciò che di mio marito non mi appartiene né mai mi è appartenuto. Pensateci e fatemi sapere.

-Come volete , altezza.

-Ora però andate, ho ancora molti impegni che mi aspettano e vorrei avere qualche momento per riflettere in solitudine.

Livia si inginocchiò per il saluto formale. Io di nuovo l'abbracciai nel congedarla.

Poi piansi disperatamente appena la porta si chiuse alle sue spalle.

Non era vero che non l'odiavo, ma non era vero neppure il contrario. In realtà mi sentivo a pezzi e sarei voluta morire.

Ma non siamo noi a scegliere se e quando lasciare dietro di noi i nostri affanni. Allora non era il momento, oggi so che sono vicina alla meta e devo finire in fretta i miei ricordi .

Sento chiaramente che, appena avrò completato queste mie pagine, anche la mia esistenza sarà arrivata alla fine. Non può essere diversamente, lo so da sempre. E di memorie ne avrei ancora tante perché gli ultimi anni sono stati non meno densi di avvenimenti di tutti gli altri.

Quando Leopoldo tornò tre giorni dopo il mio colloquio con Livia era già naturalmente informato del fatto. Mi chiese, senza giri di parole secondo la sua abitudine, conferma di quell'incontro.

Io l'ammisi, affermando però che era stata un'iniziativa mia e solo mia.

Leopoldo si limitò a sollevare interrogativo le sopracciglia, ma non ribatté nulla per il momento.

Aveva da parlarmi di molte altre questioni e affari e, tra le altre cose, doveva mostrarmi alcune lettere giunte da Vienna e da Parigi con notizie allarmanti riguardo alla situazione interna della Francia, che pareva surriscaldarsi in maniera preoccupante.

La salute di Giuseppe, che pareva essere migliorata durante i mesi primaverili, tanto che l'imperatore aveva ripreso in pieno le sue iniziative spregiudicate nei confronti dei Paesi bassi e dell'Ungheria (anch'essi in fermento), ora era di nuovo in pericolo. Leopoldo era preoccupato e, come sempre, criticava aspramente l'operato del fratello.

-Non voglio essere coinvolto nelle sue scelte- disse- se un giorno dovessi succedergli nessuno dovrà poter dire che ho condiviso la sua politica che giudico sciagurata. Vi prego di essere altrettanto prudente.

-Altezza, non c'è bisogno di dirlo, sapete che non ho mai espresso opinioni politiche né in pubblico né in privato.

-Lo so, ma volevo chiedervi di non parlarne neppure con dame o gentiluomini del seguito dei nostri figli. Non mi fido di molti di loro. So che hanno rapporti con Vienna.

-Non esagererete adesso?

Leopoldo si incupì – No, sono sicuro di quello che dico, signora, e vi chiedo di obbedire alle mie raccomandazioni.

-Sarete accontentato , naturalmente.

-Quanto al resto, non crediate di ingannarmi facilmente con le vostre bugie.

Non capii subito - Quali bugie? Io non vi ho mai mentito su nulla, altezza.

Leopoldo sorrise – Bene, oggi l'avete fatto.

-Su che cosa di grazia?

-Sul vostro incontro con Livia. Non siete stata voi a chiamarla, ma lei a chiedervi udienza.

-No, vi assicuro che …

-Non mi arrabbierò con lei, state tranquilla. Siete come al solito di una bontà senza limiti, ma troppo sincera per saper mentire. Dunque è venuta lei a cercarvi, potete dirmi perché?

- Le ho dato la mia parola che avrei mantenuto il segreto.

-Forse per ringraziarvi delle vostre premure nei confronti suoi e del figlio?

-Di vostro figlio – sottolineai per giustizia.

-E' di questo che avete parlato?

-Sì.

-E poi?

-Emozioni di donne, ma quelle a voi non devono interessare.

-Dipende.

-Da che cosa?

-Per esempio se riguardano voi ...

Mi sentii bruciare il viso – Non credevo di meritare il vostro sarcasmo – mormorai.

-Sono sincero. In ogni caso i vostri sentimenti mi riguardano, lo sapete.

-No, io non lo so, altezza, ma non voglio riaprire ora una sterile polemica che non ha più senso, se mai ne ha avuto. Il mio cuore sta invecchiando. Perdonate se non vi seguo su questa difficile strada.

Leopoldo mi baciò una mano in silenzio.

-Allora non insisterò.

-Oh – pensai- se solo voleste insistere che sollievo sarebbe per il mio cuore! Una bugia, vi prego, ancora una bugia sola a cui voler credere per continuare a vivere-

Dopo qualche istante di silenzio , lui continuò :- Mio fratello sta di nuovo male come vi ho detto ed io ho paura che questa volta non si riprenderà facilmente. Vorrei che ci ritirassimo il più possibile a vita privata. Ho pensato alla Villa di Castello se siete d'accordo. Ho bisogno di quiete e di avervi al mio fianco con il vostro saggio equilibrio. Del resto anche voi avete bisogno di un po' di calma, dopo questi mesi così difficili. Non crediate che non sappia quanto avete sofferto per la morte di vostro padre, anche se non sono riuscito ad esservi vicino come avrei dovuto e voluto. Sono sempre triste quando vi rendo infelice. So che avreste meritato un marito migliore di me, ma vi giuro che nessuno davvero mi è mai stato più caro di voi.

Dopo qualche giorno ci trasferimmo a Castello e vi restammo per tutta l'estate non ricevendo che pochi amici intimi. Leopoldo si recava due volte la settimana a Firenze e per il resto rimaneva con me e con le figlie. Tra lui e i figli più grandi i rapporti si erano un po' raffreddati. Essi erano rimasti a Pitti e a Poggio Imperiale con i loro seguiti e Leopoldo non si fidava molto dei gentiluomini di questi entourage, temendo che alcune sue frasi e opinioni venissero riportate a Vienna o diffuse tra l'opinione pubblica .- Non voglio essere compromesso in alcun modo dalle scelte politiche di Giuseppe - ripeteva spesso.

Solo con la sorella Cristina aveva una fitta corrispondenza segreta in cui esprimeva liberamente ogni sua idea, anche la più eterodossa. Giuseppe doveva aver intuito qualcosa e se ne lamentava spesso criticando l'uno e l'altra come persone poco sincere .

Il carattere chiuso di mio marito diventava ogni giorno più diffidente e le sue crisi malinconiche si accentuavano fino a trasformarsi sempre più spesso in vere e proprie malattie.

Capitolo 14

In autunno andammo come al solito a Pisa per trascorrere l'inverno nel clima più mite (non solo in senso meteorologico) di quella città.

Fu là che giunsero a febbraio le lettere che annunciavano il peggioramento drammatico della salute dell'imperatore.

Leopoldo abbandonò precipitosamente Pisa per Firenze dove nominò un consiglio di reggenza, preparandosi a lasciare il granducato in pochi giorni.

Come sempre la tensione nervosa sfociò in malattia e Leopoldo non poté mettere in atto i suoi piani. La notizia della morte di Giuseppe lo colse mentre era ancora a Firenze. Si mise subito in viaggio per Vienna.

Ci salutammo in una gelida sera di fine

febbraio : era molto teso ed ancora piuttosto debole, ma , nonostante tutto, non aveva perso la sua lucidità mentale.

Mi aveva confidato in quei lunghi mesi più volte le sue preoccupazioni crescenti per la situazione della monarchia, sull'orlo del disastro per le molte scelte avventate del fratello ed ora era arrivato il momento tanto paventato in cui avrebbe dovuto affrontare in prima persona i problemi di un regno enorme ed eterogeneo, in ebollizione.

-Credo che sarete un sovrano eccellente, come lo siete stato qui per tanto tempo.

-A volte temo che sarà un compito superiore alle mie forze. Non sarà facile lasciare ancora una volta tutto dietro le spalle per affrontare una realtà tanto diversa.

-Che conoscete perfettamente. Sciocchezze, altezza, la sfida vi eccita e non vedete l'ora di mettervi alla prova.

-Mi conoscete bene, signora, non c'è che dire. Pure a volte ho veramente paura. I problemi sono tanti e drammatici e il tempo così poco …

E così tornai a Vienna e questa volta nella vesti di regina e imperatrice. Mi fece un certo effetto rivedere la Hofburg e Schoenbrunn e non trovare più neppure una di quelle persone che mi erano venute incontro la prima volta : la mia imponente suocera, le cognate e Giuseppe, tutti se ne erano andati nel giro di pochi anni. Vi ero giunta la prima volta che ero una giovane sposa, con qualche sogno e illusione ancora, vi tornavo ora, ormai sfiorita, madre di molti figli, tra cui Francesco e Ferdinando che presto avrebbero sposato proprio qui a Vienna le cugine di Napoli.

Quanto ai sogni un po' per volta si erano dissolti come le nebbie autunnali sulle rive dell'Arno.

La situazione interna ed esterna della monarchia e dell'impero era difficile e dense nuvole si profilavano minacciose all'orizzonte. I Paesi Bassi austriaci in rivolta, praticamente perduti, l'Ungheria in ebollizione, la gente stanca e oppressa dalle tasse e dalle spese di guerre continue : sembrava che da ogni parte si facesse a gara per confermare le più cupe previsioni di Leopoldo.

Mio marito si gettò come sempre a capofitto nel lavoro, cercando di porre gli argini più urgenti alla marea del malcontento montante. Concluse la pace con l'Impero Ottomano e accordi con la Prussia, venne incontro ai giusti reclami delle province e riuscì persino a riconquistare i Paesi Bassi, dove spedì come governatori la sorella Maria Cristina e il marito di lei , Alberto.

Fu incoronato imperatore a Francoforte e re di Boemia e Ungheria, poi volle approfittare del ritorno di Ferdinando a Firenze per compiere un viaggio nei domini italiani.

Intanto però anche a Firenze e in Toscana la situazione si era ben presto deteriorata dopo la nostra partenza e questo lo amareggiò più di ogni altra cosa.

Quello che doveva essere un viaggio piacevole divenne una tortura, litigò persino con Ferdinando e con molti dei suoi vecchi ministri, che a suo dire non avevano saputo tenere in pugno la situazione; Leopoldo tornò quasi subito a Vienna portandosi dietro una profonda delusione.

La situazione in Francia stava diventando caotica e i reali si trovavano in una situazione difficilissima.

Maria Antonietta nelle sue lettere non faceva che supplicare Leopoldo di inviare truppe alle frontiere, di aiutarla a fuggire e Leopoldo di rimando a dirle di dar tempo al tempo, di non prendere decisioni avventate per non fomentare le reazioni più scomposte dei fanatici.

Era preoccupatissimo e nei suoi commenti privati molto severo nei confronti della sorella e del re, che secondo lui non avevano capito nulla della reale situazione del loro paese.

-Antonietta è leggera e non ne sa niente di politica eppure vuole immischiarsi in ogni affare e dirigere le scelte del re. Non si rende conto che la sua situazione è sul filo del rasoio e che io non posso intromettermi negli affari interni della Francia senza provocare una guerra Europea.

Le giornate si susseguivano a ritmo frenetico , con molte tempeste e solo qualche breve raggio di sole. La salute di Leopoldo ne risentiva come sempre, fino a costringerlo frequentemente a letto. Il primo a cedere era il suo sistema nervoso.

-Lavorate troppo, maestà, dovreste prendervi una pausa- gli dicevo a volte.

-Lo so, avete ragione, ma non ora.

-Non è mai ora ed io ho paura che alla fine il vostro fisico ne risentirà troppo.

-Non preoccupatevi, non vi libererete così facilmente di me.

Riusciva ancora a scherzare nonostante tutto.

A Vienna finì anche quella storia d'amore con Livia, che nella dolce Toscana era apparsa eterna.

Lei decise di ripartire e Leopoldo, seppur con un certo rammarico (ma non con quel dolore che mi sarei aspettata) acconsentì.

In un certo senso mi era diventata amica e le nostre figlie la frequentavano spesso. Ma era una ragazza semplice, nonostante Leopoldo avesse cercato di elevarla culturalmente e socialmente e l'ambiente di Vienna troppo diverso da quello di Firenze per non rompere l'incantesimo.

Poi un giorno accadde quello che da tempo temevo : Leopoldo si alzò una mattina lamentando un'insolita e insopprimibile stanchezza. La giornata precedente era stata campale, con cerimonie ufficiali estenuanti e sfarzosi ricevimenti in onore dell'ambasciatore turco dopo la pace da poco conclusa.

Ma, nonostante le mie proteste, non volle rinunciare ad andare a cavallo fino al castello di Schoenbrunn per dare ordini sui lavori da fare in vista del soggiorno estivo della famiglia imperiale. Tornò stravolto dalla stanchezza e, dopo avermi salutato frettolosamente, si ritirò nei suoi appartamenti.

-Mi riposerò un poco – mi disse- poi vi aspetto questa sera nelle mie stanze. Devo farvi leggere alcune cose che vi interesseranno di sicuro.

-Aspetto con ansia quel momento, sto morendo dalla curiosità.

-Abbiate un poco di pazienza, signora, alla vostra età tutta questa impazienza è sconveniente- ridacchiò.

Non aveva perso il suo spirito ed io il desiderio di condividere fino in fondo i suoi interessi, le sue infinite scoperte intellettuali, i suoi progetti anche quando erano troppo complicati per me.

La sera stava poco bene, disse che si sentiva debole e pieno di brividi

-Ma certo passerà dopo una notte di giusto riposo- minimizzò , poi aggiunse - Rimanete con me , vi prego, Luisa.

La notte lo sentii scottare ed era agitatissimo nel sonno, a tratti quasi delirante.

Ed ora sono qui a scrivere come meglio posso ciò che la mia mente ricorda di lui, di noi e la mia penna non è adeguata a rendergli giustizia, a esprimere i sentimenti, le emozioni, i fatti.

Impossibile catturare il suo spirito e

costringerlo a svelarsi sulla carta. Nessuno ha mai potuto tenerlo prigioniero ed io meno degli altri. Però l'ho amato più di ogni altra persona al mondo, l'ho amato nonostante tutto, l'ho amato con tutta la mia anima, la mia mente ed il mio corpo e sono pronta a seguirlo ancora una volta.

Post scriptum dell'autore

Un romanzo storico è sempre un'incognita: se è troppo "storico" rischia di diventare una noiosa ed inutile ripetizione di una ben più seria pagina di storia autentica, se è troppo fantasioso rischia di diventare una fasulla ricostruzione, con in più l'aggravante di confondere le idee a chi di storia si intende poco o nulla. Così, tra Scilla e Cariddi, ho cercato di navigare seguendo una rotta un po' diversa ed ho optato per una sorta di memoria autobiografica, che, pur riportando solo ed esclusivamente fatti strettamente documentati, ricreasse almeno in parte la psicologia di un personaggio poco conosciuto. La granduchessa di Toscana, nonché Infanta di Spagna ed imperatrice dell'impero asburgico, Maria Ludovica

(o Luisa) di Borbone, sposa del granduca Pietro Leopoldo, vissuta tra il 1745 ed il 1792 e morta appena tre mesi dopo il marito, non ha lasciato di sé quasi traccia, avendo vissuto sempre all'ombra del marito, noto sovrano illuminato, che in Toscana è ancora ricordato per la sua straordinaria opera di riforme e di energica attività. Eppure vi sono alcune (pochissime) testimonianze che concordemente ne esaltano le doti di spirito e la grande umanità, nonché l'amore per la famiglia (numerosissima). Nelle gazzette dell'epoca si trovano alcuni episodi abbastanza significativi dal punto di vista psicologico anche se minimi, negli epistolari tra Pietro Leopoldo ed i fratelli e sorelle cenni sempre lusinghieri. Quasi nulla, ma proprio per questo la fantasia del narratore ha mano libera ed il

personaggio si fa intrigante .... Pur
senza cedere alla tentazione di farne
una dama che tesse le sue trame
nell'ombra ....

Questo romanzo vuole essere un
omaggio alla donna, non alla sovrana,
per la quale saranno forse gli storici a
faticare su ben altre carte.

33689283R00202

Printed in Great Britain
by Amazon